Christoph Müller OSB

W0381115

NEULAND UNTER DEN SANDALEN

Ein Benediktiner auf dem Jakobsweg

Tyrolia-Verlag · Innsbruck-Wien

Wir danken für die Abdruckgenehmigung des Gedichtes
„Im Nebel“ aus Hermann Hesse, Sämtliche Werke, Band 10 © Suhrkamp Verlag Frankfurt am Main 2002.

Mitglied der Verlagsgruppe „engagement“

Bibliografische Information Der Deutschen Bibliothek
Die Deutsche Nationalbibliothek verzeichnet diese Publikation in der Deutschen Nationalbibliografie; detaillierte bibliografische Daten sind im Internet über http://dnb.d-nb.de abrufbar.

2. Auflage 2010
© Verlagsanstalt Tyrolia, Innsbruck
Lektorat: Klaus Gasperi, Zwischenwasser
Umschlaggestaltung: stadthaus 38, Innsbruck
unter Verwendung eines Bildes von Rainer Juriatti
Alle Bilder © Christoph Müller außer S. 55 und S. 180 Cristina Doria-Drouve
Layout und digitale Gestaltung: Studio HM, Hall in Tirol
Lithografie: digiservice, Innsbruck
Druck und Bindung: Alcione, Lavis
ISBN 978-3-7022-3055-5
E-Mail: buchverlag@tyrolia.at
www.tyrolia-verlag.at

INHALT

WIE ICH ZUM JAKOBSPILGER WURDE

Nein, wallfahren, das war nicht meine Sache. Dass ich damals den Schritt ins Internat des berühmten Wallfahrtsortes Einsiedeln tat, hatte allein mit meiner Faszination für afrikanische Wildtiere zu tun. Ich wollte Missionar werden und unter Löwen und Giraffen leben. Das ging aber nicht ohne Abitur. So kam ich ans Gymnasium des Klosters Einsiedeln.

Der Alltag im Internat gefiel mir über Erwarten gut. Die Lehrer in ihren schwarzen Kutten und das barocke Ambiente der Klosteranlage beeindruckten mich so sehr, dass die Bilder von Elefanten und Hyänen allmählich verblassten. Schließlich entschied ich mich, in dieses Kloster einzutreten und die Afrikamission anderen zu überlassen.

Den Wallfahrtsbetrieb nahm ich dabei in Kauf. Er störte mich nicht, war aber auch nicht meine Welt. Selber eine Wallfahrt zu unternehmen, das wäre mir nie in den Sinn gekommen. Von zuhause her war mir so etwas völlig unbekannt.

Gewiss, ich wusste, dass es den Jakobsweg gab und dass er im fernen Spanien endete. Aber nie hatte ich auch nur das leiseste Bedürfnis verspürt, ihn selber zu gehen. Mir genügte mein Tagwerk im Kloster. Aufbrechen, gar nach Santiago? Das überließ ich jenen, die Gefallen daran fanden.

In Einsiedeln wohnte ein Ehepaar, dem der Jakobsweg viel bedeutete, denn die beiden hatten sich dort kennengelernt. Sie waren eng mit unserem Kloster verbunden. Eines Tages gingen sie zum frisch gewählten Abt Martin. Es wäre gut, meinten sie, wenn er als junger Abt auch Anregungen aus anderen Klöstern bekäme. Sie schlugen vor, dass einer der Mönche mit ihnen eine Reise zu französischen Abteien unternehmen sollte, um ihm nachher darüber zu berichten.

Abt Martin fand die Idee gut, und ich war der Auserwählte. So kam es, dass ich mit dem Ehepaar verschiedene Abtei-

In Vézelay tauchte plötzlich der Wunsch auf, den Jakobsweg zu gehen.

en im Burgund besuchte. Nach meiner Rückkehr berichtete ich dem Abt ausführlich. Als ich mich verabschiedete, vertraute ich ihm noch etwas an, das mich seit dieser Reise nicht mehr losließ:

Fünf Kilometer vor Vézelay, einer berühmten Station am Jakobsweg, hatten wir unser Auto geparkt. Meine Begleiter drückten mir einen Pilgerstab in die Hand. Gerne ging ich auf ihren Vorschlag ein, die kurze Strecke bis zur Kathedrale zu Fuß zurückzulegen. Doch dieses Wegstück mit seinem langsamen Aufstieg zur Kirche, der Anblick der alten Steinfliesen, das Betreten der romanischen Basilika und das stille Verweilen im heiligen Raum, der Gedanke an Tausende Pilger, die im Laufe der Jahrhunderte hier gebetet hatten – das alles berührte mich zutiefst. Spontan stieg in mir der Wunsch auf, selber den Jakobsweg, den sogenannten Camino, unter die Füße zu nehmen.

Nach dem jahrelangen „Bete und arbeite!", wie ich es als Benediktiner gewohnt war, wollte ich Neuland unter meinen Füßen betreten. Zu meiner großen Überraschung sagte der Abt „ja".

Kaum einer von uns Einsiedler Mönchen hatte den Camino je gemacht. Gewiss, mein Tischnachbar, der betagte Bruder Alois, rühmte sich immer wieder, dass er den Jakobsweg sehr wohl kenne. Wenn ich nachfragte, wie weit er ihn denn zu Fuß gegangen sei, antwortete er halb prahlend, halb schmunzelnd: „Also, ich stieg jeweils in Santiago aus dem Car und überquerte den Vorplatz bis zur Kathedrale, das waren ganz sicher hundert Meter!“

Ich hatte mir für den Pilgerweg Folgendes ausgedacht: In Einsiedeln starten und per Fahrrad die Schweiz und Frankreich durchqueren. Erst auf spanischem Boden würde ich den Lenker mit dem Pilgerstab vertauschen. Dann hieß es 700 Kilometer zu Fuß bis nach Santiago und wieder 700 Kilometer zurück, um schließlich per Rad nach Einsiedeln zurückzufahren. Der Abt stellte mir dafür 50 Tage zur Verfügung.

Was das Übernachten betraf, so wollte ich trotz des zusätzlichen Gewichts auf keinen Fall auf ein Zelt verzichten. Ich hatte einen Film gesehen, der mir den Schlaf raubte. Auf den Betten sitzend, stachen Pilger einander die Blasen auf, überall hing nasse Wäsche herum, und es wurde geschnarcht, dass die Balken krachten. Wie sollte ich, der ich über Jahrzehnte hinweg meine Mönchszelle allein bewohnte, da überhaupt Schlaf finden?

Rasch ging es ans Packen. Die Frage war jedoch nicht „Was nehme ich mit?“, sondern vielmehr „Was lasse ich alles zuhause?“ Zelt, Schlafsack und Luftmatratze alleine wogen schon drei Kilo. Keinesfalls würde ich mehr als zwölf Kilo mit mir herumtragen! Unverzichtbar erschienen mir aber verschiedene Kleider (auch warme), ein Regenponcho (der gleichzeitig als Zeltunterlage diente), Toilettenartikel, ein Reparaturset für das Rad, Helm, Pumpe, Esswaren, Trinkflasche, Messer, Taschenlampe und Fotoapparat sowie eine kleine Apotheke. Am Abend des 4. Juli 2003 stand das Fahrrad, mit einem unförmigen Rucksack beladen, im Klosterkeller bereit und wartete auf den Morgen.

„GO WEST!"

5. Juli

Um 5.30 Uhr begab ich mich in die Klosterkirche. Vor dem großen Aufbruch wollte ich nochmals mit den Mitbrüdern ins Gotteslob einstimmen. Gleich nach dem kräftigen Frühstück holte ich das Rad hervor und schob es bis zum schweren Klostergitter, das sich ächzend öffnete. Ich hielt einen kurzen Moment inne. Dann fiel das Tor ins Schloss. Und los ging's.

Zunächst sollten es jedoch nur 300 Meter sein, denn schon bald bemerkte ich, dass im Hinterrad zu wenig Luft war. Glücklicherweise fand ich bei einer Tankstelle eine Pressluftpumpe. Aber ich hantierte so ungeschickt, dass die restliche Luft auch noch aus dem Schlauch entwich. Ich musste den am Vorabend aufwendig befestigten Rucksack wieder vom Gepäckträger nehmen. Immerhin glückte es im zweiten Anlauf. Endlich konnte es losgehen. Ich wollte nur noch fort, weg von allem, bloß kein bekanntes Gesicht mehr sehen.

Doch meine Schwester Simone, die in der Innerschweiz wohnt, hatte von meinen Plänen erfahren und wartete irgendwo am Straßenrand, um ein Erinnerungsfoto zu schießen. Im ersten Moment war ich etwas perplex. In ihrer Sorge wollte sie mir unbedingt noch einige Medikamente und Esswaren mitgeben. Nur mit Zwängen und Stoßen fand all das in und außerhalb des Rucksacks noch Platz. Dann gab's einen Abschiedskuss. Und es ging endgültig los.

Beim Kloster Werthenstein gönnte ich mir eine Pause. Dort gab es eine unscheinbare kleine Grotte, wo angeblich heilendes Wasser entsprang. So füllte ich alle Flaschen mit dem wundertätigen Wasser. Und tatsächlich: Das erste Wun-

„Ich wollte vorwärts kommen, alles hinter mir lassen und niemanden mehr sehen …"

der ließ nicht lange auf sich warten. Denn in der nächsten Ortschaft war ich in einer langsam fahrenden Kolonne einem Autofahrer dicht auf den Fersen. Als er plötzlich abrupt bremste, konnte ich mit meinem schwer beladenen Fahrzeug einen Crash nicht mehr verhindern. Er kam wütend aus seinem Auto heraus und schimpfte laut. Aber ich besaß scheinbar schon die Abgeklärtheit des Jakobspilgers. Ich zog nur die Schultern hoch und schmunzelte über das ganze Gesicht. Da kein Schaden zu erkennen war, stieg der Fahrer leicht fluchend wieder in seinen Wagen.

Als ich das Entlebuch und das Emmental hinter mir gelassen hatte, fuhr ich in die helvetische Hauptstadt ein. Dort verlor ich jede Orientierung. Keiner konnte mir den Weg Richtung Murten weisen. So irrte ich verärgert in der Stadt herum und fand nicht mehr hinaus.

Endlich kam mir, im wörtlichen Sinn, der Himmel zu Hilfe. Denn ich blickte zur Sonne, die sich langsam Richtung Westen neigte. Das war's! Ich musste mich doch nur immer westwärts halten, der Abendsonne entgegen, um zum Murtensee und schließlich nach Santiago zu kommen. „Go West!" Das wurde zur wichtigsten Pilgerregel, die mich immer begleitete und mich nie im Stich ließ.

Bei untergehender Sonne erreichte ich schließlich den traumhaft gelegenen See. Ich fand einen idyllischen Zeltplatz. Die letzten Sonnenstrahlen waren Zeugen eines glücklichen Pilgers, der den ersten Tag seiner Reise mit einem erfrischenden Bad und einem dankbaren Gebet beschloss.

ERSTE SIESTA IN DER BLUMENKISTE

6. Juli

Ich meinte, früh aufgestanden zu sein. Doch es wurde 9.00 Uhr, bis das Zelt zusammengelegt und jedes Ding seinen Platz im Rucksack gefunden hatte. Ich erkannte: Auf dieser Fahrt konnte nur strikteste Ordnung ein sinnloses Herumsuchen und damit verbundenen Ärger und Zeitverlust verhindern. Aber ich stand erst am Anfang meiner Lehrzeit, und es gab noch manche Sucherei auf dem Weg. War endlich alles aufgeräumt, staunte ich jedes Mal aufs Neue, wie all das, was eben noch verstreut herumlag, in einem einzigen Rucksack Platz fand.

Ich schlug nun den Weg Richtung Westschweiz ein. Um möglichst schnell vorwärts zu kommen, fuhr ich immer auf den Hauptstraßen. Die Autos störten mich nicht.

Vor Lausanne gab es eine kräftige, in der Mittagshitze mühsame Steigung auf 872 Meter hinauf. Ich wurde richtiggehend schlapp und fragte mich, ob ich mir nicht zu viel zugemutet hatte. Jedenfalls musste ich mich bei nächster Gelegenheit am Straßenrand niederlegen.

Zufällig befand sich dort ein Blumengeschäft. Ich wählte als Bettstatt zwei wacklige Bretter, die eigentlich zum Aufstellen von Blumenkisten gedacht waren. Trotz des regen Verkehrs und des Gestanks musste ich tief eingeschlafen sein, denn plötzlich fiel ich unsanft auf den Boden. Für einen Moment wusste ich gar nicht mehr, wo ich überhaupt war. Benommen stieg ich wieder auf mein Rad und hatte anfangs große Mühe, einigermaßen geraden Kurs zu halten.

Ich hatte beschlossen, große Städte wie Genf zu umfahren. So bog ich schon bald nach Westen ab und überquerte die

Grenze zu Frankreich. In Ferney erwies ich dem Schriftsteller Voltaire die Ehre, indem ich vor seiner Statue kurz vom Rad stieg. Er war zwar ein bissiger Kritiker und ein Antiklerikaler, aber die französische Sprache hat ihm ihre Schönheit und Perfektion zu verdanken. Die flache Ebene des Genfersees lag hinter mir. Nun begann für mich Neuland. Unbekannte Orte und Landschaften taten sich auf.

In Bellegarde suchte ich vergeblich nach einer Campingmöglichkeit, denn das Städtchen liegt eingeklemmt in einem tief eingeschnittenen Flussbett. Außerhalb des Ortes aber wies ein Schild auf einen nahen Zeltplatz hin. Zum Glück lag er in jener Richtung, in die ich sowieso weiterfahren wollte. Denn mit dem schweren Gepäck auf dem Fahrrad war jeder Umweg zu viel, und eine Steigung, die man aus irgendeinem Grund zweimal hinter sich bringen musste, glich einer kleinen Katastrophe.

Die Straße führte nun wieder stark bergwärts. Die Gegend wurde immer verlassener, und die Sonne war bald hinter einer Bergkuppe verschwunden. Ich staunte, als ich nach einer Kurve auf einen Imbiss von McDonalds stieß, der sich frech in die schöne Landschaft gesetzt hatte. Doch Hunger und Durst siegten über alle ästhetischen Bedenken. Für zwölf Euro gab es zwei große Salate mit verschiedenen Saucen und gebratenen Kartoffeln, dazu noch einen großen Becher Orangensaft. Der Zeltplatz selber aber lag etwas weiter entfernt an einem kleinen Abhang. Es war ein wunderschöner Standort mit vielen kleinen Hecken, und ich fand einen stillen, lauschigen Platz für mich allein. Bald hatte ich das Zelt aufgebaut, das ging schon rassiger vor sich als am Vortag. Nach einer verdienten Dusche und einer dankbaren Rückschau auf den Tag schlief ich müde, aber glücklich ein.

UNTER RATTEN UND RÄUBERN

7. Juli

Um 7.00 Uhr weckten mich schwere Brummer, die jene Straße hinaufkrochen, die ich bald selbst in Angriff nehmen würde. Ein ungutes Gefühl überkam mich, Angst machte sich breit. War die Straße nicht zu gefährlich? Würden die Lastwagen genug Rücksicht auf mich nehmen? Wäre es nicht gescheiter, das Rad auf die Bahn zu verladen und mir mehr Zeit für die Fußstrecke zu gönnen?

Aber einmal auf der Straße, verflogen die Bedenken rasch, und hinter Nantua eröffnete sich am gestauten Fluss Ain die Möglichkeit zu einem erfrischenden Bad. Um ans Wasser zu gelangen, musste ich erst das Rad ein kleines Stück hinunterschieben. Dann schwamm ich hinaus und bewunderte die Schönheit der Bäume, die sich am linken und rechten Ufer zum Fluss hinunterneigten und ihn gleichsam liebkosten.

Als ich wieder aufs Rad steigen wollte, war der hintere Reifen platt! Ich legte mich mit der Handpumpe kräftig ins Zeug. Aber schon nach kurzer Zeit war die Luft wieder draußen. Also schob ich das Rad zum Fluss zurück, denn für die Reparatur war ich auf Wasser angewiesen. Ich musste den Schlauch erst untertauchen, um anhand der aufsteigenden Blasen das Loch lokalisieren zu können. Endlich war es so weit. Mit schmutzigen Händen, aber frohgemut, ging es in der Mittagshitze weiter in Richtung Lyon. Ich beschloss, diese drittgrößte Stadt Frankreichs vorsichtshalber östlich zu umfahren, denn ich hätte wohl kaum wieder aus ihr hinausgefunden.

Neues Ungemach braute sich zusammen. Das Schalten ging immer mühsamer vor sich, und mit der Zeit reagierten die Gänge gar nicht mehr. Was mochte das bedeuten? Ein Augenschein brachte bald Gewissheit. Das Übersetzungskabel hing nur noch an einem seidenen Faden. Da gerade der mittlere der drei Gänge drin war, konnte ich nur mehr in diesem Gang weiterfahren. Noch lief es wie geschmiert. Das Rhônetal ist flach, und ich hatte starken Rückenwind. Wie von unsichtbarer Hand wurde ich vorwärts gestoßen.

Endlich näherte ich mich einer kleinen Stadt, deren Fahrradmechaniker jedoch seine Werkstatt bereits dichtgemacht hatte. Also beschloss ich, die idealen Windverhältnisse zu nützen und einfach weiterzufahren. Abends um 21.00 Uhr, nach über 50 Kilometern mit nur einer Übersetzung, erreichte ich die Stadt Vienne. Doch diese mittelalterliche Touristenstadt hatte keinen Zeltplatz. Weil die billigen Hotels alle belegt waren, blieb mir nichts anderes übrig, als weiter der Rhône entlang zu fahren, um irgendwo wild zu zelten.

In Gedanken versunken merkte ich gar nicht, dass ich mit meinem Rad auf eine Schnellstraße geraten war. Nun gab es kein Zurück mehr. Nur fünf Meter trennten mich von der idyllischen Rhône, an deren Ufer ein verwachsener Feldweg entlangführte. Hinter einer Gebüschgruppe hob ich kurzerhand mein Fahrrad mitsamt dem Rucksack über die Leitplanke und stellte dort, dem Dröhnen und den Scheinwerfern der vorbeifahrenden Autos und Motorräder trotzend, mein Zelt auf. Im Schutze des Gebüsches und der Dunkelheit nahm ich zwischen Algen und Abfall noch ein Bad in der Hoffnung, dass mich weder Ratten noch Polizisten entdecken würden. In banger Erwartung eines nächtlichen Überfalls versteckte ich mein Geld unter einem nahen Baum. So war wenigstens meine Reisekassa in Sicherheit. Noch längere Zeit hielten sich im Zelt Beklemmung und Müdigkeit die Waage, aber zuletzt obsiegte die Müdigkeit, und ich schlief ein.

EIN RETTENDER ENGEL

8. Juli

Erst mit dem Aufkommen des Werksverkehrs erwachte ich. In meiner Freude, diese Nacht heil überstanden zu haben, verzichtete ich gerne auf ein Morgenbad in der Rhône, zumal die Morgensonne den Grad der Verschmutzung schonungslos ans Licht brachte. Zum Zähneputzen reichte es gerade noch.

Schnell wurde das Zelt abgebrochen. Ich stieg wieder aufs Rad und fuhr, eingeklemmt zwischen Autostraße und Rhône, auf einem unkrautübersäten Schotterweg viele Kilometer dahin, bis ich mich plötzlich mitten auf einer Wiese befand. Ein guter Bauer führte mich wieder auf den rechten Weg.

Meine Hauptsorge galt nun der Reparatur der Gangschaltung. Schon bei der kleinsten Steigung musste ich vom Sattel steigen und das Rad schieben. Endlich näherte ich mich einem Städtchen mit einem großzügigen Fahrradgeschäft. Doch meiner Freude folgte sogleich eine herbe Enttäuschung: Ich hätte das Rad erst wieder in zwei Tagen abholen können! So lange wollte ich auf keinen Fall warten. Immerhin machte man mich auf eine kleinere Werkstatt aufmerksam. Schon von Weitem konnte ich sogar das Logo meiner Radmarke entdecken. Aber es folgte eine neue Enttäuschung: wegen Todesfall geschlossen!

Nein, ich konnte nicht warten. Unaufhaltsam zog es mich weiter. Und überhaupt: Bisher war es mit nur einem Gang auch nicht schlecht gegangen. Was ich allerdings nicht wissen konnte: Ich stand vor einer Bergetappe. Es ging von 300 auf 1100 Meter hinauf. Mit einem einzigen Gang war das eine völlig unmögliche Sache.

Ahnungslos fuhr ich los und wollte den Weg Richtung Annonay einschlagen. Doch zum Glück verpasste ich die richtige Abzweigung. Ich bog in eine kleine Seitengasse und stand plötzlich vor einem völlig unscheinbaren Radgeschäft. Ein freundlicher Mann war sofort bereit, mir das Kabel auszuwechseln. Schon nach einer halben Stunde händigte er mir mein Rad für wenig Geld wieder aus. Ich gab ihm ein fürstliches Trinkgeld, worüber er sehr erstaunt war. Für ihn waren es nur ein paar Handgriffe gewesen – für mich aber hing die weitere Pilgerfahrt von seiner Hilfsbereitschaft ab.

Mit neuem Elan schwang ich mich auf mein geduldiges Stahlross. Dass es nun stundenlang aufwärts ging und der Schweiß nur so dahinrann, störte mich überhaupt nicht. Hauptsache war, dass alles perfekt funktionierte!

Bei einer kleinen Poststelle kaufte ich einige Briefmarken. Der freundliche Postbeamte ließ mich Platz nehmen und offerierte mir großzügig Orangensaft und Mineralwasser. Einfach so. Ich muss wohl wie ein Verdurstender ausgesehen haben. Als ich endlich auf der Anhöhe ankam, öffnete sich mir eine bezaubernde Landschaft, die mich an das Einsiedler Hochmoor erinnerte. Die folgende Abfahrt ließ dann alle Strapazen vergessen und animierte mich zu lautem Gesang. Und bald wartete ein einfacher Campingplatz auf mich. In großem Frieden schlief ich ein, diesmal ganz ohne Angst vor Ratten, Polizisten und Räubern.

NIE WIEDER!

9. Juli

Als ich am Morgen das Zelt öffnete, saß bereits die junge Elster, mit der ich schon am Vorabend Bekanntschaft gemacht hatte, beim Zelteingang und bettelte. Sie zeigte ein fachmännisches Interesse für alle Teile meines Fahrrads. Geschwisterlich teilten wir unser bescheidenes Frühstück. Daraufhin wich sie keinen Zentimeter mehr von meiner Seite und folgte mir überallhin.

Als für die Weiterreise alles bereitstand, lockte ich meine kleine Freundin hinter eine Baracke und gab ihr dort ein Stück glitzernde Alufolie. Das lenkte sie für einen kurzen Moment ab. Schnell rannte ich zum Rad und machte mich aus dem Staub. Ich ließ ein leicht frustriertes Elsterchen zurück.

Schon näherte ich mich Le Puy, einer der bedeutenden Etappen am Jakobsweg. Ich besuchte die Basilika, die hoch über der Stadt thront, und war überrascht, da oben eine Quelle mit Trinkwasser zu finden. Als verwöhnter Schweizer musste ich lernen, dass es in vielen Gegenden Frankreichs kaum Brunnen gibt. Die Suche nach dem lebensnotwendigen Nass wurde zu einer der Hauptsorgen auf dem Weg, besonders bei meiner Fahrt durch das französische Zentralmassiv, wo man selbst in größeren Ortschaften vergeblich nach Wasser sucht.

Bald nach Le Puy folgte eine böse Überraschung. Meine Landstraße mutierte unversehens zu einer Schnellstraße. Das Radfahrverbot war unübersehbar, aber niemand hatte an uns Radfahrer gedacht. So fuhr ich einfach weiter, als ob nichts wäre.

Aber nach 20 Kilometern war endgültig Schluss. Die Schnellstraße mündete nämlich in eine mehrspurige Autobahn. Nur mit größter Mühe hob ich mein schwer beladenes Rad über die Leitplanken. Nach Überquerung einer hässlichen Baustelle kam ich auf einen kleinen Feldweg. Der Sonne nach zu schließen führte er nach Westen, und so vertraute ich mich ihm blind an.

Doch schon bald wurde ich missmutig. Es war heiß und staubig, und ich hatte viel Zeit verloren. Am liebsten hätte ich mich flach auf den Boden gelegt, die Augen geschlossen und alles vergessen!

Da bog der Weg in eine Straße ein, und nach kurzer Zeit fuhr das Rad wieder wie von selber. Es ging unaufhaltsam bergab, die Abfahrt wollte und wollte nicht enden. Ich wähnte mich schon bald unter dem Meeresspiegel.

Aber es kam keine rechte Freude auf. Eine dunkle Ahnung sagte mir, dass es auf der anderen Talseite ebenso unaufhörlich wieder bergauf gehen könnte. Und so war es auch. Nur mit größter Mühe schaffte ich den Aufstieg. Mein ursprünglicher Plan, auch den Rückweg der Pilgerreise mit dem Rad zurückzulegen, bekam einen ersten Dämpfer. Und es sollten noch weitere folgen! Für den Moment stand fest: Das werde ich mir, koste es, was es wolle, kein zweites Mal antun.

Bei Sonnenuntergang erreichte ich eine verträumte Kleinstadt. Ich war am Ende meiner Kräfte. Nichts wies auf einen Zeltplatz hin. Doch ein Hotel kam für meinen Geldbeutel nicht in Frage. In meinem verschwitzten und armseligen Outfit hätte man mich wohl auch gar nicht aufgenommen.

Da kam ein guter Engel in Gestalt einer alten Frau auf mich zu. Sie wies mich auf eine versteckte Campingmöglichkeit hin, gleich um die Ecke. Was für ein Paradies erwartete mich da! Der von einem kleinen Fluss umspülte Platz war genau das, was ich jetzt brauchte. Schnell stieg ich ins kühle

Nass. Hier konnte ich den Schweiß und die Sorgen, aber auch die Freude und die Dankbarkeit dem träge dahinströmenden Wasser anvertrauen.

An diesem Punkt der Reise wurde mir klar: Die Heimat lag nun endgültig hinter mir. Es gab keine Absicherung mehr, kein Zurück. Es blieb nur der Blick vorwärts, nach Westen, Tag für Tag, ohne recht zu wissen, was jeder dieser Tage mit sich bringen würde. Was ich in meinem Heimatkloster Einsiedeln jahrelang, oft gedankenlos, beim nächtlichen Gebet gesungen hatte, hier nun klang es echt und überzeugt: „Herr, auf dich vertraue ich. In deine Hände lege ich mein Leben.“

FLUCHPSALMEN UND KULINARISCHE KÖSTLICHKEITEN

10. Juli

War das eine gute Nacht! Erst die morgendlichen Sonnenstrahlen, die die Luft im Innern des Zeltes spürbar erwärmten, weckten mich auf. Ich hatte es aber keineswegs eilig. Alles tat ein bisschen weh, die Muskeln, die Knochen, die Hände, vor allem das Hinterteil. Als das Zelt endlich eingepackt war, ging es schon auf zehn Uhr zu.

Ich schwang mich auf mein Rad. Da ich in den Niederungen eines kleinen Flusstales gezeltet hatte, begann der Tag wieder mit einem Aufstieg. Nach nur zwei Kilometern lud eine kleine Kapelle zum Verweilen ein. Das ist eine willkommene Gelegenheit, um ein Morgengebet zu verrichten, sagte ich mir.

Es war aber eher Faulheit als Frömmigkeit, die mich da eintreten ließ. Beten konnte ich ja auch auf dem Fahrrad. Durch mein dreißigjähriges Klosterleben kannte ich manche der Psalmen auswendig.

Wenn mir aber gar nichts in den Sinn kommen wollte, dann dachte ich zurück an jenen russischen Bauern, dessen Wagen auf der Rückkehr vom Markt ein Rad verlor. Dem Armen blieb nichts anderes übrig, als im Wald zu übernachten. Nach seiner Gewohnheit legte er sich aber nie zur Ruhe, ohne seine Gebete zu verrichten. Doch hatte er diesmal kein Gebetbuch bei sich. Und auswendig konnte er kein einziges! Da sprach er zu sich selbst: „Was ich kann, ist nur das Alphabet. Also werde ich dieses dreimal nacheinander aufsagen. Und der Liebe Gott, der alles vermag, wird sich aus den Buchstaben schon selber ein Gebet formen!“ – Wahrlich, Gott hörte das, heißt es in der Geschichte, und er sprach zu seinen Engeln: „Heute ist kein schöneres Gebet in den Himmel gedrungen als das Gebet dieses einfachen Bauern.“ Ungefähr so gestaltete ich meine Andacht in der Kapelle. Aber bald darauf hieß es wieder aufbrechen.

Nach etwa einer Stunde Steigung war eine größere Umleitung signalisiert, und zwar dermaßen schlecht, dass ich über viele Kilometer in die falsche Richtung fuhr und wertvolle Zeit verlor. Nur mein geistlicher Stand verbot es mir, meinem Ärger über diese Schlamperei durch lautes Fluchen Luft zu verschaffen. Fluchpsalmen (solche gibt es) wären jetzt genau das Richtige gewesen, aber die hatte ich nicht auf Lager, da wir sie in Einsiedeln leider überspringen.

Da ich kein rechtes Frühstück eingenommen hatte, war mein Hunger groß. Endlich erreichte ich auf 1180 Meter Höhe ein Dorf mit dem originellen Namen „Nasbinals“. Ich beschloss, was sonst eher selten der Fall war, in ein Restaurant einzukehren, um wieder einmal richtig zu essen. Es gab ein Nasbinalser Menü zu zwölf Euro, alles inbegriffen: Es war wie im Schlaraffenland. Zuerst brachte man mir zu meinem Erstaunen einen ganzen Liter Wein, dazu frisches Brot. Es folgte Kartoffelsalat mit Tomaten, dann eine äußerst delikate, sehr heiße Lauchspezialität. Abgelöst wurde sie durch ein Hähnchen, das auf einem feinen Risottobett lag. Schließlich ruhten meine Augen auf einer großen Platte mit verschiedenen Käsesorten, von denen ich nach Belieben abschneiden konnte. Gekrönt wurde das Essen schließlich von drei großen Eiskugeln.

In einem günstigen Moment, da ich mich unbeobachtet fühlte, goss ich den Rest des Weines heimlich in eine Plastikflasche und packte auch die Brotreste mit ein. Es nahte der Sonntag. Ich wusste nicht, ob ich mich morgen einer zum

Gottesdienst versammelten Gemeinde würde anschließen können. Vielleicht musste ich in dieser kargen Einöde alleine Gottesdienst feiern?

Mehr als satt und leicht beduselt verließ ich das Lokal. Der Wirt murmelte noch irgendetwas von einer letzten Passhöhe, die es zu überwinden galt. Aber ich hatte zu viel Wein getrunken und schaffte es nicht mehr hinauf. Tapfer kämpfte ich mich noch ein Stück weit Richtung Pass hinauf, aber dann überfiel mich eine solche Müdigkeit, dass ich eine Siesta einlegen musste. Ich fiel in einen tiefen Schlaf. Die schweren Brummer, die an mir vorüberdonnerten, vermochten mich nicht zu wecken.

Und doch wurde ich bald um den Schlaf gebracht: Eine Ameise fand den Weg in mein Hemd und rief all ihre Kolleginnen herbei. Da half nur schleunigste Flucht. Bei späteren Nickerchen habe ich den Siestaplatz immer sehr sorgfältig nach diesen hartnäckigen Tierchen abgesucht.

Nur mit Mühe schaffte ich den Aufstieg zum Pass. Nun war das Zentralmassiv endgültig überwunden. Vor mir lag die vom Wirt angekündigte, endlose Abfahrt. Der frische Wind und das Wissen, dass es keine weiteren Anstiege mehr gab, machten mich restlos glücklich.

Doch je näher die Ebene kam, umso häufiger schlugen mir ganze Wellen von heißen Luftschichten entgegen. Um 16.00 Uhr unten angekommen, konnte ich, als ich vom Fahrrad stieg, kaum mehr atmen. Es war eine Atmosphäre wie in einer Gießerei. Die Hitze hielt alles im Griff. Sie brachte alles Leben zum Stillstand. Nicht einmal der Schatten bot Linderung. Rasch floh ich in einen Laden, wo ich mir ein Eis kaufte, dessen Inhalt sich an einen kleinen Holzstecken zu klammern versuchte. Doch kaum war ich im Freien, begann die Süßigkeit von allen Seiten herabzutropfen. Unablässig war ich mit meiner Zunge damit beschäftigt, der Flucht der schmelzenden Süßigkeit Einhalt zu gebieten. Ich schleckte mal links, mal rechts, mal hinten, dann vorne, als die ganze Masse plötzlich lautlos zu Boden fiel und wie ein nicht entsorgter Hundekot im Dreck lag.

Zwei Damen, die mein vergebliches Bemühen schmunzelnd beobachteten, spendeten mir Trost. Es waren zwei Französinnen, die zu Fuß von Le Puy aus gestartet waren. Hier erfuhr ich zum ersten Mal die Faszination der Begegnungen am Jakobsweg: Egal, welcher Rasse, Sprache oder Nationalität man angehört, man fühlt sich als Pilger im tiefsten Miteinander verbunden, ja verwandt. Man spricht sich an, ganz so, als ob man sich schon lange kennen würde und geht eine Zeit lang miteinander, oft schweigend, oft redend. Man hilft einander und teilt alles, was man hat.

Die beiden Frauen rieten mir, ich solle bei dieser mörderischen Hitze meinen Weg unterbrechen und wie sie die Pilgerherberge aufsuchen. Doch mich zog es unaufhaltsam weiter zu den Pyrenäen, und so brach ich wieder auf. Immerhin wurde die Hitze durch den Fahrtwind etwas gemildert. Bis Rodez wollte ich es noch schaffen.

Als ich jedoch während einer Abfahrt bemerkte, dass die Straße auf der anderen Seite wieder steil anzusteigen begann, verließen mich der Mut und die Kraft. Ich beschloss, unten in der Niederung zu bleiben und hier ein Versteck für mein Zelt zu suchen.

Noch während ich es aufstellte, näherten sich mir aus dem Halbdunkel etwa zehn Kühe und interessierten sich brennend für den Aufbau. Glücklicherweise kamen sie wegen eines Zaunes nicht ganz an mein Zelt heran. Jedes Mal, wenn ich eine Plane ausbreitete oder etwas ausschüttelte, wichen sie verängstigt zurück, um sich nachher mit umso größerer Neugierde wieder zu nähern und den ungewohnten Besucher zu beschnuppern. Ich fand noch einen Tümpel mit Wasser, sodass ich mich andeutungsweise waschen konnte. Schließlich kroch ich mit etwas gemischten Gefühlen in mein Zelt und suchte den Schlaf.

NUN, AUF NACH SPANIEN!

11. Juli

Frühmorgens, beim ersten Blick ins Freie, war weit und breit kein Vieh mehr zu sehen. Die Wasserlache, in der ich mich gestern noch gewaschen hatte, sah im Strahl der aufgehenden Sonne nicht mehr sehr appetitlich aus, und so verzichtete ich diesmal auf meine Morgentoilette.

Nachdem alles seinen gewohnten Platz auf dem Rad gefunden hatte, nahm ich jene Steigung Richtung Rodez in Angriff, die meine gemarterten Muskeln am Vortag verweigert hatten.

Oben angekommen, ging es trotz ebener Landstraße nur sehr langsam vorwärts, denn ich hatte zum ersten Mal auf meiner Pilgerfahrt heftigen Gegenwind. Wenigstens war die Luft, die mir da entgegenblies, angesichts der brütenden Hitze sehr angenehm. Trotzdem war ich bald erschöpft und musste eine Pause einlegen.

Eine überdachte Bushaltestelle erwies sich als höchst willkommener Unterstand. Die Holzbank war ideal für eine Siesta. Doch an Schlaf war nicht zu denken.

Die Schuld lag diesmal nicht bei einem Fußheer von Ameisen, sondern bei einer Armada von Fliegen, die ununterbrochen auf meiner verschwitzten Haut starteten und landeten. Eine Zeit lang wehrte ich sie mit den Händen ab, aber bald resignierte ich und wechselte unfreiwillig ins Sitzen.

Als ich, um den verdienten Schlaf gebracht, etwas entnervt und blöde vor mich hinstarrte, entdeckte ich am Boden eine kleine Eidechse, die mich aus der Ferne begutachtete. Ihre Nervosität drückte sie mit ihrem rechten Vorderfuß aus, der sich in schneller Folge auf und ab bewegte. Ihr Wunsch, mir näher zu kommen, und ihre Bereitschaft zur Flucht hielten sich eine Zeit lang die Waage. Doch schließlich obsiegte ihre Neugierde, und sie näherte sich mir wie einst David dem Goliath, allerdings ohne Steinschleuder.

Ihr Mut wurde reich belohnt. Als früherer Besitzer von Vogelspinnen und Laubfröschen verstehe ich mich relativ gut aufs Fliegenfangen. Bald befand sich ein erstes Opfer zwischen meinen Fingern, und ich bot sie meiner kleinen Freundin an. Und siehe da! Mit Hochgenuss ward das Insekt verspeist. Und es blieb nicht bei der einen Fliege.

Das muss sich in Eidechsenkreisen herumgesprochen haben, denn in der Folge kamen von allen Seiten weitere Minisaurier zum Vorschein und „verlangten von Gott ihre Nahrung", wie es im Psalm 104 heißt. Die vorher so lästigen Fliegen wurden bald zur Mangelware. Doch die erfolgreiche Jagd hatte meine Lebensgeister neu geweckt. So brach ich wieder auf, sehr zum Leidwesen der Eidechsensippe, deren „Tischlein deck dich" ein abruptes Ende fand.

Am frühen Nachmittag näherte ich mich dem alten Städtchen Villefranche, einer mittelalterlichen Festung, die idyllisch an einem Fluss lag. Leider fand sich im Ort nur ein privater Campingplatz für bessere Kreise. Es gab dort sogar einen Babywickeltisch, den ich allerdings nicht in Anspruch nehmen musste.

Wenn ich schon mehr zu bezahlen hatte, wollte ich es wenigstens genießen. So blieb ich diesmal den ganzen Nachmittag beim Zelt. Es galt Karten zu schreiben, das Tagebuch nachzuführen, das Rad instand zu stellen, Proviant einzukaufen, wieder einmal richtig zu duschen und ein wenig zu faulenzen. Der Fluss war leider derart schmutzig, dass ich auf ein Bad verzichten musste.

Gegen Abend machte ich einen Besuch im Städtchen und gönnte mir bei einer alten Brücke mit wunderbarem Blick auf den mächtigen Wehrturm ein feines Fischgericht. Nachts jedoch erwachte ich schweißgebadet. Lag es am Essen? Hatte ich Fieber? Oder war ich einfach erschöpft? Zudem schmerzte ein Knie. Sollte ich noch einen weiteren Tag hier bleiben?

Im Schein der Taschenlampe studierte ich die Landkarte. Kurzerhand beschloss ich, am nächsten Tag nicht mehr so stark westwärts zu fahren wie bisher, sondern nach Süden abzuschwenken, um direkteren Kurs auf die Iberische Halbinsel zu nehmen.

Der Gedanke an das nahe Spanien musste mich in einen tiefen Schlaf gewiegt haben, denn ich war am Morgen wieder frisch und munter wie bei meiner Abreise.

EIN JÄMMERLICHER KAMINFEGER

12. Juli

Zum ersten Mal hatte ich auf meinem Jakobsweg einen ganzen Nachmittag lang geruht. Was für eine Wohltat! Verschwunden waren die Knieschmerzen, auch das Fieber war weg. Ich fühlte mich wieder fit und unternehmungslustig. Ohne größere Steigungen von einem leichten Rückenwind verwöhnt, durfte ich durch liebliche Landschaften fahren, vorbei an so wohlklingenden Ortsnamen wie z. B. „Molières". Wer weiß, ob der 1622 in Paris geborene Komödiendichter Jean-Baptiste Poquelin sich bei der Wahl seines Künstlernamens „Molière" nicht von diesem kleinen Dorf inspirieren ließ?

Früher einmal hatte ich am Gymnasium in Einsiedeln in einem Molièrestück mitgewirkt. Damals war ich noch ein kleiner Student, als der Schweizer Bundesrat Bonvin unserer Schule seine Aufwartung machte. Ihm zu Ehren führten wir auf Französisch einen Akt der Komödie „Der Bürger als Edelmann" auf. Ich spielte eine Kammerzofe, die infolge eines Lachanfalls ohnmächtig werden sollte. Ich muss die Rolle sehr ernst genommen haben, denn beim Anblick meines gutbürgerlichen Hausherrn, der sich gekünstelt als Edelmann ausgab, steigerte sich mein Kichern derart, dass ich tatsächlich keine Luft mehr bekam und ohnmächtig wurde. Die Mitspieler mussten mir kräftig Luft zufächeln, bis ich endlich wieder zu mir kam. Unter dem Applaus der Zuschauer verließ ich benommen die Bühne.

Wohl jedes Dorf am Wege hätte eine kleine Überraschung bereitgehalten, wohl jede Kirche etwas zu erzählen gehabt. Aber ich schob kaum einen Halt ein. Es zog mich immer weiter Richtung Spanien.

Einmal allerdings, bald nach Molières, war von Weitem ein alter, hoher Kirchturm zu sehen. Direkt an der Straße gelegen, stand er allein und trutzig da. Das zu klein geratene Kirchenschiff schmiegte sich an seine Seite wie ein ängstlicher Hund an seinen Herrn. Das wollte ich mir näher ansehen.

Zu meiner Überraschung war das Gotteshaus offen und mit frischen Blumen geschmückt. Nach einer kurzen Andacht gönnte ich mir ein Picknick samt Siesta. Die Einladung des leeren Bänkchens vor der Kirche war zu verlockend.

Doch auch hier war der Schlaf nur von kurzer Dauer. Diesmal weckten mich weder Ameisen noch Fliegen, sondern das Herannahen einer Blasmusik. War es Traum, war es Wirklichkeit? Ich wollte es zunächst nicht wahrhaben.

Als ich den Ernst der Lage erkannte, war es schon zu spät. In meinen armseligen, verschwitzten Kleidern und umgeben von Käserinde, Olivensteinen und Joghurtbechern, den Resten meiner einfachen Mahlzeit, befand ich mich plötzlich mitten in einer Hochzeitsgesellschaft, die feierlich in das Kirchlein einzog. Ich hätte in den Boden versinken mögen vor Scham. Es blieb mir nur die Hoffnung, dass mich das Brautpaar für eine Art schmutzigen Kaminfeger hielt, der ihnen Glück für ihren Lebensweg mitgeben wollte.

Nun öffnete sich das weite Tal der Garonne. Ganz in der Ferne, im Dunst des späten Nachmittags, konnte ich andeutungsweise eine Bergkette ausmachen: die Pyrenäen. Welch magisches Wort! Von nun an ging es spielend vorwärts. Ein leichter Rückenwind machte meine Freude vollkommen und animierte mich zu lautem Gesang.

Bei der Vorbereitung meiner Pilgerreise war ich immer wieder auf Ortsnamen gestoßen, die seit dem Mittelalter das Herz eines jeden Pilgers höher schlagen lassen: Le Puy, Conques, Moissac. Le Puy lag schon weit hinter mir. Nun näherte ich mich Moissac. Ich freute mich sehr, diese berühmte Pilgerstätte besuchen zu dürfen.

Bisher war ich nur wenigen Jakobspilgern begegnet, da diese die geteerten Straßen meiden. Doch vor Moissac überholte ich Dutzende von ihnen. Schritt für Schritt quälten sie sich ab. Mit ihren schwer beladenen Rucksäcken, an denen allerhand baumelte, glichen sie Hausierern, wie sie früher von Tür zu Tür zogen, um ihre Schuhbändel und Klamotten feilzubieten.

Während ich auf dem Rad mühelos an ihnen vorbeizog, taten mir die Fußpilger aufrichtig leid. Ich wusste aber sehr wohl: Bald würde auch ich einer von ihnen sein, und dann würden andere mitleidig auf mich herabschauen.

Zwar war mir noch nicht klar, wie die baldige Umstellung vom Rad auf die Füße gelingen würde, doch ich freute mich unbändig auf den Augenblick, da ich mein Rad (und mit ihm die Technik) auf die Seite legen konnte, um als einfacher Fußpilger weiterzuziehen.

Moissac beeindruckte mich sehr. Leider fand in der Basilika eine Trauung statt, sodass mir ein Türsteher den Eintritt verwehrte. Immerhin durfte ich rasch einen Blick ins Innere der Kirche werfen.

Glücklicherweise war um 19.30 Uhr ein Gottesdienst angesagt. Nach längerer Zeit konnte ich nun endlich wieder einmal mit einer Gemeinde Eucharistie feiern. Ich versteckte mich in der hintersten Bankreihe, denn als einziges „liturgisches" Gewand hatte ich nur eine abgetragene Trainingshose, die mir nachts bei kühler Witterung als Pyjama diente.

Ich hatte mich sehr auf diese Messe gefreut. Aber kaum in der Kirche, überkam mich eine solche Müdigkeit, dass ich die ganze Messe hindurch gegen den Schlaf ankämpfen und unaufhörlich gähnen musste. Das störte die Kirchgänger von

Moissac aber nicht. Sie waren wohl schon an müde Pilger gewöhnt.

Beim Hinausgehen nahm ich ein herumliegendes Pfarrblatt mit, um am Abend noch etwas geistliche Lektüre zu haben. Gerade als ich aufs Rad steigen wollte, kam ein betrunkener Mann auf mich zu. Er freute sich offensichtlich, in mir einen Kollegen anzutreffen. Wieder und wieder bot er mir seine halbleere Bierflasche an. Mir graute vor ihrem Inhalt. Ich machte immer neue Gründe geltend, warum ich im Moment überhaupt keinen Durst hätte, obwohl mir die Zunge am Gaumen klebte!

Die Enttäuschung über meine Absage stand ihm ins Gesicht geschrieben. Es ging ja nicht um Durst oder nicht Durst, sondern um Gastfreundschaft. Nach langem Hin und Her nahm ich schließlich die Flasche in die Hand, allerdings so, dass ich den Daumen fest auf die unappetitliche Flaschenöffnung presste. Ich führte die Flasche zum Mund und tat so, als ob ich trinken würde. Etwas Bierschaum floss meinen Arm hinunter. Der Landstreicher nahm nun seinerseits einen großen Schluck, sichtlich stolz, einen Pilger mehr zu seinen Freunden zählen zu dürfen.

Beim Zeltplatz angekommen, merkte ich, dass ich meine Sonnenbrille in der Kirche vergessen hatte. Ein schlimmer Verlust! Aber es war schon spät, und ich wollte noch vor Anbruch der Dunkelheit mein Zelt aufschlagen.

Der Campingbesitzer führte mich im Halbdunkel an eine abgelegene Stelle. Ich musste mit dem Schlimmsten rechnen. Doch der Platz entpuppte sich als etwas vom Schönsten, was mir je begegnet war. Direkt am Fluss Tarn gelegen, hatte ich gleichsam einen kleinen Garten für mich allein. Im Dunkeln nahm ich ein Bad und legte mich zur verdienten Ruhe nieder. Ich hätte allen Grund gehabt, gut zu schlafen, doch es sollte nicht sein. In ca. 300 Meter Entfernung befand sich eine speziell für den TGV gebaute Strecke mit Eisenbahnbrücke. Die ganze Nacht über donnerten da in regelmäßigen Abständen diese eleganten Zugskompositionen vorbei. Der Fluss trug den Lärm weiter, sodass ich meinte, direkt neben den Bahngeleisen zu liegen. Zudem hatte ich nach meiner Begegnung mit dem Trinkkollegen heimlich und hastig einen ganzen Liter Cola hinuntergeleert. Das ausgeschlagene Gratisbier hätte mir ganz sicher besser getan.

Ich konnte und konnte nicht einschlafen. Trotzdem, ich war rundum zufrieden. Ich fühlte mich in meinen vier „Wänden" wie in einem Schloss. Wenn ich abends nach einem anstrengenden Tag ins Zelt kroch und hinter mir den Reißverschluss zuzog, kam ich mir vor wie ein Burgherr, der nach Überquerung des Burggrabens hinter sich die Zugbrücke hochzieht.

Und wenn ein Heer von Stechmücken, durch das engmaschige Innenzelt nur wenige Zentimeter von mir getrennt, geduldig, aber vergeblich auf eine blutige Mahlzeit wartete, konnte ich einen Anflug von Schadenfreude nicht verbergen. Dann schlief ich ein mit den Worten von Psalm 27: „Mag ein Heer mich belagern, ich habe keinen Grund, mich zu fürchten. Denn der Herr beschirmt mich im Schutz seines Zeltes."

WIE EIN KAMEL NACH EINER LANGEN WÜSTENWANDERUNG

13. Juli

Ich war froh, als die Sonne endlich aufging. Ich hatte schlecht geschlafen, dennoch war ich guter Dinge. Das konnte man von den Stechmücken, die immer noch über meinem Kopf lauerten, nicht behaupten. Beim ersten Sonnenstrahl flogen sie hungrig und frustriert davon.

Auf ein Bad im Tarn verzichtete ich gern, da sich das Wasser, in welchem ich mich gestern bei Dunkelheit erfrischt hatte, nun als eine schmutzige Brühe entpuppte, die von öligen Streifen durchzogen war.

Dafür war der träge dahinfließende Fluss für mein Morgengebet ideal. Eine geistliche Lektüre lag auch bereit, denn ich hatte ja am Vorabend das Pfarrblatt mitgenommen. Es sah schon etwas mitgenommen aus, denn ich hatte im Zelt ein nasses Wäschestück daraufgelegt. Aber lesbar war es allemal. Als ich es gerade entsorgen wollte, traf mich fast der Schlag. Das Pfarrblatt war persönlich angeschrieben! Es gehörte einem Pfarrkind, das sein Eigentum vermutlich schon bald in der Kirche abholen wollte. Ich rückte und drückte das Blatt zurecht, so gut es ging. Dann legte ich es auf eine ebene Fläche und setzte mich einen Moment darauf, um ihm die nötige Glätte zu verleihen. Schließlich hängte ich Seite für Seite zum Trocknen an eine Wäscheleine, bündelte sie wieder zusammen und machte mich nochmals auf den Weg zur Kirche, um das Entwendete heimlich zurückzulegen. Ich hoffte natürlich, dass ich dabei auch meine Brille wieder finden würde. Aber leider – es gab keinen wunderbaren Tausch. So legte ich das Pfarrblatt an seinen Platz zurück und verließ die Kirche ohne Brille.

Einmal mehr nahm ich mir vor, besser auf meine Habseligkeiten zu achten. Denn auf dem Jakobsweg werden einem alle Dinge zu kleinen, treuen Begleitern. Im Laufe der Pilgerreise werden sie einem lieb und vertraut, auch wenn es sich nur um eine Schnur oder einen Kugelschreiber handelt. Erst recht gilt das für eine Brille, durch die hindurch man schon so viel gesehen hat.

Natürlich konnte ich mir eine neue kaufen. Aber das war nicht das Gleiche. Der neuen Brille würde das gewisse Etwas fehlen, nämlich das, was meine Augen durch die alte Brille hindurch und mit ihr gemeinsam auf der bisherigen Wegstrecke gesehen hatten.

Mit einiger Verspätung fuhr ich wieder los. Ein heißer Tag kündigte sich an. Das mitgeführte Wasser wurde immer wärmer und weniger, und schließlich ging es ganz aus. Links und rechts waren nur vertrocknete Felder zu sehen. Der prallen Sonne ausgesetzt, stand da und dort ein einsames Pferd, das resigniert vor sich hinstarrte.

Endlich tauchte ein Dorf auf. Wenn da auch mit keinem Brunnen zu rechnen war, so erhoffte ich mir wenigstens ein kleines Wirtshaus. Am Dorfeingang wies eine Tafel auf ein stattliches Restaurant hin. Doch es war geschlossen. Ich war empört. Da sitzen die Wirtsleute irgendwo am Meeresstrand und sonnen sich, jetzt, wo ein Pater aus Einsiedeln am Verdursten ist und ihre Hilfe dringend benötigte!

Immerhin fand ich in einer Seitengasse einen einfachen Imbiss. Es gab nichts Warmes, aber wenigstens Brot und Käse, Wasser und Wein. Das erschien mir nun wie ein kleines Wunder, wie vom Himmel gefallenes Manna, und aus lauter Begeisterung fotografierte ich alles. Sehr zum Erstaunen der Wirtin, die hinter der Theke stand und mir zwischen den

Schnapsflaschen hindurch immer wieder einen misstrauischen Blick zuwarf. Nichts ließ ich übrig. Wasser- und Weinflasche wurden bis auf den letzten Tropfen geleert.

Leicht betrunken verließ ich den Imbiss und hatte es plötzlich gar nicht mehr eilig. Am Dorfplatz legte ich mich zur Siesta auf eine Bank. Ganz in der Nähe spielten einige Männer mit leidenschaftlichen Kommentaren Boules (Boccia). Alte Frauen, auf ihren Bänken sitzend, hatten einander unendlich viel zu erzählen, obwohl sie sich bestimmt täglich hier trafen. Trotz des Lärms fiel ich in einen tiefen Schlaf.

Als ich erwachte, taten mir die Glieder so weh, dass ich etwas Zeit brauchte, bis ich überhaupt aufstehen konnte. Noch schlaftrunken und halb gerädert, zog es mich doch wieder weiter. Noch vor Sonnenuntergang wollte ich Condom erreichen, eine weitere wichtige Etappe am Jakobsweg.

Ich freute mich sehr auf die spätgotische Kathedrale, von der ich so viel gehört hatte. In und um das Gotteshaus erwartete ich einen regen Pilgerstrom. Doch alles stand verlassen da. Nur ein einziger Pilger fand sich im ganzen Gotteshaus. Er kniete im Mittelgang und verharrte da mit ausgestreckten Armen.

Mein Gebet war viel kürzer als das seine. Es bestand nur aus dem ersten Vers des Psalms 42: „Wie der Hirsch lechzt nach frischem Wasser, so lechzt meine Seele Gott nach dir." In meinem momentanen Zustand lag die Betonung eher auf dem ersten Teil des Verses.

Auf dem Vorplatz gab es zwar eine Art Fontäne, aber dieses Wasser war nur zum Anschauen, nicht zum Trinken. Endlich wies mich ein Mädchen auf eine Brunnensäule in einem Innenhof hin. Was da zutage kam, war warm, sehr warm. Doch die Temperatur des Wassers war mir im Moment völlig egal. Ich trank gierig wie ein Kamel nach einer langen Wüstenwanderung.

Die Stadt schien wie ausgestorben. Alle Läden waren geschlossen. Zum Glück entdeckte ich eine Gelateria mit feinstem Eis. Ich kaufte mir eine große Kugel, die ich mit Andacht und Hochgenuss verzehrte. Es sollte nicht bei der einen bleiben. Die schmunzelnde Verkäuferin sah mich noch ganze drei Mal kommen.

In der Nähe gab es einen sehr bescheidenen Zeltplatz. Man konnte dort etwas trinken, aber zu essen gab es nichts. So gesellten sich zu den vier Eiskugeln in meinem Magen nur noch ein paar Haselnüsse und zwei gedörrte Zwetschgen, die ich zuunterst in meinem Rucksack fand. So blieb mir nichts anderes übrig, als hungrig zu Bett zu gehen.

Da entdeckte ich ganz in der Nähe meines Zeltes ein Auto mit Schweizer Kennzeichen. Landsleute! Das helvetische Ehepaar erfreute sich gerade eines feudalen Nachtessens. Der Campingtisch quoll über von Schüsseln mit feinsten Speisen. Und mittendrin thronte eine Flasche vom erlesensten Wein. Das war mehr als genug für drei Personen! Gleich einem hungrigen Hund, dessen Nase den Duft einer Wurst aufnahm, schlich ich zuerst um den Wohnwagen herum. Dann, mich möglichst locker gebend, überraschte ich die beiden mit einem charmanten, breiten „Grüezi", um in ihnen einen Akt guter, eidgenössischer Solidarität zu wecken. Die Strategie ging in die Hosen. Die Berner hielten mich mit ein paar Belanglosigkeiten auf Distanz, und ich musste mit knurrendem Magen zu meinem Zelt zurück. Wenigstens der Schlaf hatte Mitleid mit mir. Und im Traum besuchte ich die Gelateria noch ein fünftes Mal.

IN DER ARENA

14. Juli

Am Vorabend hatten dunkle Wolken Regen angekündigt, aber das ersehnte feine Trommeln der Regentropfen auf dem Zeltdach blieb aus. Ein kurzer Blick aus dem Zelt ließ wieder einen heißen Tag erwarten. Meine vier Eiskugeln waren längst verdaut, und nichts Neues war an ihre Stelle getreten. So fuhr ich mit leerem Magen los. Bis zum Abend wollte ich die Stadt Pau erreichen, das Sprungbrett zu den Pyrenäen. Für die 110 Kilometer, die vor mir lagen, war ich hoch motiviert.

Nach 20 Kilometern konnte ich endlich einen Laden betreten. Speckbrot gab es da, Joghurt, Bananen und Orangensaft. Nach den Entbehrungen des Vortages kam ich mir plötzlich vor wie Gott in Frankreich! Ich bekam Flügel, und nichts konnte mich mehr bremsen. In Gedanken war ich bereits am Ziel.

Als ich durch ein Städtchen namens Nogaro fuhr und eine alte Kirche am Weg lag, stieg ich ab, um einen Moment innezuhalten. Bevor ich wieder auf mein Rad stieg, unterzog ich es einer kurzen Kontrolle. Da entdeckte ich zu meinem Schrecken, dass das Hinterrad nicht mehr rund lief und seitlich bei den Bremsen anstreifte. Eine Speiche war gebrochen! Immerhin hatte ich den Schaden hier entdeckt und nicht irgendwo unterwegs. Das hätte stundenlanges Schieben zur Folge haben können. Als ich bald eine Werkstatt fand, war ich froh.

Nur hatte ich völlig übersehen, dass der Kalender den 14. Juli schrieb: französischer Nationalfeiertag! Alle Läden waren geschlossen. Ich wusste nicht, was tun. Ziellos irrte ich durch den Ort.

Da entdeckte ich ein Plakat, das just für den heutigen Tag einen Stierkampf ankündigte. Diese Art der Unterhaltung entspricht zwar nicht meinem Geschmack. Aber ich wusste, dass man in Frankreich dem Stier kein Leid antut. So kaufte ich mir eine Eintrittskarte für stattliche 15 Euro. Es war schließlich eine günstige Gelegenheit, etwas Lokalkolorit zu erleben und mitten unter Leuten zu sein, an denen ich sonst immer nur vorbeifuhr.

Die Arena war schon voll besetzt, als ich sie betrat, und ich musste mit einem Platz an der prallen Sonne vorliebnehmen. Eine eigenartige Spannung lag in der Luft.

Zuerst spielte eine Musikkapelle auf. Unter ihren Klängen erschienen prächtig geschmückte Pferde und Reiter, die eine Ehrenrunde drehten. Dann konnte das eigentliche Spektakel beginnen. Ich wusste nicht recht, was mich erwartete. Endlich stürzte der erste „Stier" in die Arena. In Wahrheit handelte es sich um eine feingliedrige, aber äußerst aggressive Kuh, der wohl irgendein Doping verabreicht worden war. Auf der einen Seite der ovalförmigen Arena waren Boxen, aus denen die kampfeslustigen Walküren herausstürmten. Auf der Gegenseite stand ein Mann hinter einer Barrikade. Er hielt einen Strick in der Hand, dessen anderes Ende um die Hörner der Kuh geschlungen war. Mit aller Kraft zog er das widerstrebende Tier zu sich. Dann gab er die Kuh plötzlich frei. Sie stürmte in die Mitte der Arena auf junge, weißgekleidete Männer zu, die, einer hinter dem anderen stehend, die heranbrausende Kuh regungslos erwarteten. Kurz bevor die wütende Bestie sie über den Haufen warf, sprangen sie nacheinander über das Tier hinweg und vollführten in der Luft die verschiedensten Kunstfiguren. Wieder auf dem Boden, brachten sie sich vor der Furie so schnell wie möglich in Sicherheit. Denn die düpierte Kuh preschte schnell wieder heran, um sich zu rächen. Es war spannend und lustig zugleich, und ich hätte stundenlang zuschauen können.

Nach diesem Vorprogramm folgte der eigentliche Wettbewerb, wie ich aus den dröhnenden Lautsprechern erfuhr. Jede der nun auftretenden Kampfkühe wurde mit Namen, Herkunft und Besitzer vorgestellt. Dann war die Reihe an den Athleten. Wie bei einem Open-Air-Konzert waren zuerst „schwächere" Kämpfer an der Reihe. Schließlich sollte die Spannung über drei Stunden aufrechterhalten werden. Doch was nun folgte, enttäuschte und erzürnte mich.

Waren die wagemutigen Männer von vorhin elegant und gekonnt über die Kühe hinweggesprungen, ging es beim eigentlichen Wettbewerb darum, vor der herangaloppierenden Kuh stehenzubleiben, um dann, durch eine winzig kleine Bewegung der Hüften, die Furie möglichst knapp an sich vorbei laufen zu lassen. Je knapper der Abstand, umso höher war die Bewertung.

Es dauerte nicht lange, bis der Erste von einer Kuh gerammt wurde. Der junge Mann musste sich schwere Rückenverletzungen zugezogen haben, denn er blieb regungslos am Boden liegen und wurde auf einer Bahre abtransportiert. Das sei halt das Risiko dieses faszinierenden Sports, verkündete der Lautsprecher. Schon bald lag ein Zweiter am Boden. Er erhob sich zwar noch aus eigener Kraft, humpelte aber mit schmerzverzerrtem Gesicht davon. Nach zehn Minuten tauchte er wieder auf und betrat hinkend die Arena, unter dem tosenden Beifall der Zuschauer. Er wollte das Schicksal ein zweites Mal herausfordern, und diesmal gelang es ihm.

Als aber bald darauf ein Dritter regungslos am Boden lag, stand ich empört auf und verließ mit leisem Protest die Arena im Glauben, dass mir andere folgen würden. Aber nichts dergleichen geschah! Die Zuschauer hatten schließlich ein

Stierkampf auf Französisch: Junge Männer springen über die herangaloppierende Kuh.

Jahr lang auf dieses Spektakel gewartet und wollten für ihre 15 Euro entschädigt werden.

Erst nach langer Suche fand ich den Zeltplatz. Er war zwischen einem kleinen Flugplatz und einer Motorradrennbahn eingeklemmt. Das verhieß nichts Gutes. Immerhin verstummte der Motorenlärm gegen 22 Uhr. Ich dachte schon ans Einschlafen, aber da täuschte ich mich. Von einigen nahen Baracken ausgehend, erhob sich zu Ehren der „Grande Nation“ ein infernalischer Discolärm, der bis in die Morgenstunden dauerte. Einer der Scheinwerfer war genau auf mein Zelt gerichtet, und die Schatten der Tanzenden hopsten wie Gespenster über mir auf und ab.

Ausnahmsweise war es von Vorteil, dass ich nicht schlafen konnte. Im Licht des Scheinwerfers wurde ich auf den Schatten eines Hundes aufmerksam, der sich meinem Zelt näherte und daran herumschnüffelte. Seine Absicht war unverkennbar. Als er schließlich sein Hinterbein hob, um das Zelt nach Hundeart zu markieren, gab ich ihm durch die Zeltwand hindurch einen derart heftigen Fußtritt, dass er jaulend davonrannte.

An Schlaf war nicht zu denken. Nicht allein wegen des Lärms. Alle möglichen Gedanken schossen mir durch den Kopf. Das lädierte Rad ging mir nicht mehr aus dem Sinn. Es ließ bohrende Zweifel aufkommen, ob ich Santiago je erreichen würde.

VERFÜHRUNGEN UND NÄCHTLICHE GESCHOSSE

15. Juli

Der erzwungene Ruhetag wirkte lähmend auf mich. Planlos und gelangweilt war ich in der Gegend herumgeirrt. Der neu anbrechende Morgen erschien wie eine Erlösung. Punkt neun Uhr begab ich mich ins Städtchen hinauf und stand voller Erwartung vor der Werkstatt. Ein junger Mechaniker traf ein. Er nahm sich sofort Zeit für mich. Zuerst musste das Hinterrad in seine Einzelteile zerlegt werden. Dann ersetzte er die gebrochene Speiche und fügte alles wieder zusammen. Während der Reparaturarbeiten erzählte ich vom gestrigen Stierkampf und sagte ihm, wie sehr mich dieses Schauspiel abgestoßen hatte. Mit Genugtuung vernahm ich, dass auch ihm diese jährliche Veranstaltung zuwider war. Er sagte mir, er würde nie daran teilnehmen.

Ich war voller Tatendrang. Nun wollte ich Pau ohne Zwischenhalt erreichen. Aber während eines längeren Anstiegs warben Plakate für ein gediegenes Restaurant direkt am Weg. Als es auftauchte, schaute ich stur auf die andere Straßenseite. Ich wollte der Versuchung widerstehen und krallte mich krampfhaft an die Lenkstange. Ich dachte an Odysseus, der sich an den Segelmast binden ließ, damit er nicht von den betörenden Stimmen der menschenfressenden Sirenen verführt werde. Aber auf der Höhe der Gaststätte angekommen, wurde das Fleisch schwach. Ich verließ mein „Schiff" und betrat das verlockende Haus. Menschenfressende Sirenen waren keine da. Vielmehr eine freundliche Wirtin, die mir das Beste aus der Küche holte.

Nach dem üppigen Mahl lagen zwar keine Menschenknochen herum wie am Strand der Sirenen, aber ein riesiger Berg von geknackten Miesmuscheln. Und im Garten draußen lag bald darauf ein müder Radfahrer und schlief.

Die Siesta hatte mir gutgetan. Die Kräfte kamen zurück, und gegen Abend konnte ich in Pau einfahren. Die Nähe zu Lourdes war unübersehbar. Immer wieder wiesen Schilder auf den großen Wallfahrtsort hin. Im Jahre 1968 hatte ich nach meinem Abitur dort zwei Wochen lang als freiwilliger Helfer gearbeitet.

Die Pyrenäenkette machte sich langsam bemerkbar, denn nach Pau begann ein mühsamer Anstieg bis Oloron, einem bekannten, für mich etwas verwirrenden Touristenort. Zwar fand sich schon bald ein Hinweis auf einen Campingplatz, aber das Städtchen liegt in einem so kupierten Gelände, dass ich nach einigem Hinauf und Hinab, Links und Rechts jede Orientierung verlor und keine Ahnung mehr hatte, in welcher Richtung die Pyrenäen überhaupt lagen. Endlich fand ich das Gesuchte dann doch noch. Was für ein Platz!

Der Campingbesitzer hatte die gute Idee, für Radfahrer einen eigenen Bereich zu schaffen. Denn während Camper Tische und Stühle in ihren Autos mit sich führen, müssen die Radfahrer beim Zelten stets auf dem nackten Boden sitzen. Hier aber hatten wir eine überdachte Unterkunft mit Tischen und Bänken, mit Wasser und Waschtrögen. Wir konnten miteinander plaudern und unser Essen teilen. Unsere Gruppe bestand aus einem holländischen Ehepaar, einem Briten, der immer die Bibel bei sich trug, und einem in Holland lebenden Deutschen, der alle paar Stunden seine Frau anrufen musste, um sie zu beruhigen.

Gegen Abend wurden die Wolken, die mich schon den ganzen Tag über begleitet hatten, immer bedrohlicher. Eine schwarze Front näherte sich von Westen her. Nach einem vom holländischen Ehepaar gespendeten Likör zog ich mich ins Zelt zurück und harrte der Dinge, die da kommen sollten. Ich war schon am Einschlafen, als sich ohne Vorwarnung eine gewaltige Explosion ereignete. Sogleich fielen zwei schwere Gegenstände auf mein Zelt, Gott sei Dank, ohne mich direkt zu treffen. Rundherum erbebte die Erde vom Aufschlag weiterer Geschosse.

In größter Eile kroch ich aus dem widerspenstigen Schlafsack heraus, hielt ihn schützend über meinen Kopf und rannte zu unserem Unterstand, wo sich bereits die anderen eingefunden hatten. Ich glaubte zuerst an ein Erdbeben, dann an eine Explosion in einer nahegelegenen Ziegelei. Aber es war „nur“ ein schwerer Hagelzug, mit Eisbrocken in der Größe von Tennisbällen. Sie hatten alle eine Art Kranz um sich, was sie noch größer erscheinen ließ. So etwas hatte noch keiner von uns erlebt.

Als das Schlimmste vorüber war, kamen auch die anderen Camper zitternd aus ihren bombardierten Behausungen. Angesichts der Schäden fielen sie sich schockiert um den Hals und weinten. Die Eisbrocken hatten ihre Autos und Caravans in starke Mitleidenschaft gezogen. Große Löcher, gleich Meteoriteneinschlägen, waren auf den Karosserien zu sehen. Die neu gebauten Dächer der sanitären Anlagen waren teilweise zerschlagen. Eternitziegel lagen in den Toiletten und Waschräumen herum. Nur wir Radfahrer hatten keinerlei Schäden zu beklagen. Ja, wir sammelten die vom Himmel gefallenen Eisklumpen, hielten sie in unseren Händen und fotografierten uns gegenseitig.

Die Hagelfront zog langsam weiter, und der Donner wurde schwächer und schwächer und ließ sich nur noch ab und zu aus der Ferne vernehmen. Nach all der Aufregung wiegte mich die Musik der fallenden Regentropfen in einen tiefen Schlaf.

„SED" – DURST

16. Juli

Am nächsten Morgen durfte ich mit Freude feststellen, dass meine Behausung innen völlig trocken geblieben war und mein gerade neu erworbenes Zelt seine Regentaufe mit Bravour bestanden hatte. Nach einem gemeinsamen Frühstück mit meinen Kollegen vom Zeltplatz, die alle Richtung Lourdes aufbrachen, sollte für mich der Aufstieg zum Pyrenäenpass Somport beginnen. Doch es ging fast nur geradeaus. Die Straße fraß sich zwar immer tiefer in die Pyrenäen hinein, aber ohne merkliche Steigung. Bei einer Rast breitete ich alle meine nassen Sachen aus und ließ sie von der Sonne trocknen, unter den Augen einer mir unbekannten Schafrasse mit elegant geschwungenen Hörnern.

Bald schluckte ein für Fahrräder gesperrter Tunnel alle Autofahrer, und so umgab mich auf den letzten Kilometern einsame Stille. Kein Motorengeheul störte die idyllische Gegend, die mich an die Schweizer Alpen erinnerte. Um 14.00 Uhr erreichte ich die Passhöhe (1632 Meter) und wollte gar nicht glauben, dass es von nun an nur noch abwärts gehen sollte.

Zum ersten Mal in meinem Leben betrat ich nun spanischen Boden. Auf dem Pass gab es ein kleines Restaurant, das ich aufsuchte, um den Anlass gebührend zu feiern und ein paar Karten zu schreiben. Gerade als ich mich wieder aufs Rad schwang, überquerte der Bus eines Pilgerunternehmens aus Einsiedeln die Passhöhe und ließ für einen kurzen Augenblick ein paar heimatliche Gefühle aufkommen.

Es folgte eine rauschende, 30 Kilometer lange Abfahrt Richtung Süden, bis ich bei der Stadt Jaca die Talebene erreichte. Jetzt konnte ich die letzte, mir noch verbliebene Straßenkarte fortwerfen, denn der restliche Teil des Weges bis Pamplona schien klar vorgegeben. Ich musste mich nur immer schön westwärts halten, und schon bald würde ich Pamplona und kurz darauf Puente la Reina erreichen, wo ich mein Rad abstellen wollte.

Ich rechnete fest damit, noch an diesem Abend in Puente la Reina einzutreffen. Aber da tauchte eine Straßentafel auf, die mich fast erschlug: Pamplona 122 Kilometer. Zudem blies in der Ebene ein ungewohnt starker Gegenwind. Da ich gegen Westen fuhr, brannte mir auf der schnurgeraden Straße ununterbrochen die langsam niedergehende Sonne ins Gesicht. Ich kämpfte mich vorwärts, Kilometer um Kilometer. Der Wind wurde immer heftiger, der Wasservorrat immer geringer, die Orte immer seltener, die Straße immer trostloser.

Plötzlich tauchte ein Schild auf: Puente la Reina. Es war wie ein Wunder. Ich konnte es nicht fassen. Aber es stand schwarz auf weiß auf der Ortstafel geschrieben.

Doch das vermeintliche Wunder wich sogleich der harten Realität: „Puente la Reina de Jaca“ hieß es da, als ich genauer hinschaute. Der „Ort“ bestand aus einer verlotterten Tankstelle und einem Lagerschuppen. Weit und breit keine Spur von einer königlichen Brücke.

Endlich erschien am Horizont ein Dorf. Aber es lag abseits des Weges, gleich einer Festung auf einer Anhöhe. Obwohl mich nur zwei Kilometer von ihm trennten, hatte ich keine Kraft mehr, dort hinaufzuradeln. Ich begnügte mich damit, die unerreichbare Festung wenigstens ins Bild zu bannen. Das zog die Aufmerksamkeit zweier Österreicherinnen auf sich, die in einer vorsintflutlichen, mit roten Vorhängen verzierten „Ente“ (einem alten Citroën) daherwatschelten. Sie hielten neben mir an und fanden das Sujet ebenfalls eines

Bildes wert. Leider hatten auch sie nichts zu trinken dabei. Immerhin kündigten sie mir die Nähe eines Stausees an. Dann gaben sie ihrer Ente Gas, und sie schnatterte holpernd und ächzend davon.

Ich hatte wohl einen anderen Begriff von Nähe als die beiden Weltenbummlerinnen. Auch nach einer Stunde Fahrt war weit und breit kein Stausee zu sehen.

Da erschien gleich einer Oase eine rettende Tankstelle mit einem Getränkeautomaten. Es fehlte mir aber das nötige Kleingeld, und so musste ich warten, bis ein Autofahrer vorbeikam und sich meiner erbarmte. Welche Erlösung, welche Kostbarkeit, dieses edle Wasser!

Nachdem der Durst gelöscht war, fühlte ich mich gleich wieder besser. Gegen Abend wurde der Wind stärker. Das bereitete mir einige Sorge, denn ich wusste nicht, wo ich in diesem offenen Gelände mein Zelt aufstellen könnte, ohne verweht zu werden.

Da erblickte ich am Horizont etwas Bläuliches. War es das Glas eines großen Gewächshauses, war es eine Fata Morgana, oder war es tatsächlich der angekündigte Stausee? Nach ein paar Hügeln und Kurven, die die glänzende Fläche immer wieder meinen Blicken entzogen, stand fest: Es war tatsächlich der Stausee.

Wie bei solchen Seen üblich, war er mit seinen schroffen, nackten Ufern nicht sehr einladend. Fast verzweifelt fuhr ich immer weiter in der Hoffnung, doch noch irgendeine geschützte Stelle zu finden.

Da stieß ich unvermittelt auf einen Zeltplatz. Noch selten bin ich so erlöst durch das Tor eines Campingplatzes gefahren wie zu jener Abendstunde. Eine nette Spanierin, die fließend französisch sprach, empfing mich, als hätte sie auf mich gewartet. Obwohl der Campingplatz gerammelt voll war, fand ich ganz vorne, gleich über einer Klippe am Rand des Sees, ein wunderschönes Plätzchen für mein kleines Zelt.

Die Sonne war schon untergegangen, als ich die Badehose anzog und Richtung See lief. Einige fischende Kinder, die ihr letztes Glück versuchten, wunderten sich über den seltsamen Gast, der jetzt noch ins kalte Wasser stieg. Ich aber tauchte da hinein, ohne recht glauben zu können, dass eine solche Ansammlung von Wasser möglich war. So lange hatte ich darauf warten müssen. Es war einer jener Momente, wo Dankbarkeit und Freude überströmen und man sich gar kein größeres Glück auf Erden vorstellen kann.

DIE MATRONE

17. Juli

So schön war es an diesem Stausee, dass ich ihn am nächsten Tag erst um 9.30 Uhr verließ, nach einem ausgiebigen Frühstück und einem erfrischenden Morgenbad. Es fehlten immer noch an die 100 Kilometer bis zum echten Puente la Reina. Dieser kleine, 25 Kilometer südwestlich von Pamplona gelegene Ort mit seinem klangvollen Namen (nämlich: „Brücke der Königin“) hatte für mich eine ganz besondere Bedeutung. Bei der Vorbereitung meiner Pilgerreise war ich immer wieder auf Bilder dieser prächtigen Brücke gestoßen, die die spanische Königin Doña Mayor vor 1000 Jahren für den anwachsenden Pilgerstrom hatte errichten lassen. Dort vereinen sich die beiden wichtigsten Pilgerrouten, jene aus dem Norden (Paris) und jene aus dem Osten (Südfrankreich) zum eigentlichen Camino. Das war für mich der ideale Ort, um meinen Pilgerweg auf Schusters Rappen fortzusetzen.

Die Fahrt war sehr angenehm. Keine Steigung mehr, kein Gegenwind, die Sonne im Rücken, das Ziel vor Augen. Ich muss wohl mit gesenktem Haupt gefahren sein, denn kurz vor Pamplona versäumte ich eine Abzweigung nach Puente la Reina. Doch ich verpasste die Gelegenheit und radelte blind nach Pamplona, der Hauptstadt der Provinz Navarra, die weltweit bekannt ist wegen des jährlichen Stiertreibens durch ihre Häuserschluchten. Ich bemerkte den Irrtum erst, als ich mich schon mitten in den Häuserschluchten der Stadt befand.

Ich wollte möglichst schnell wieder aus ihr hinaus, aber das entpuppte sich als schwierig, vor allem für einen Radfahrer. Die Angaben der Leute waren widersprüchlich. Ich solle doch einfach die Autobahn Richtung Madrid nehmen, war der wohlgemeinte Ratschlag einer alten Frau.

So musste ich mich einmal mehr an der Sonne orientieren und auf kleinen Nebenstraßen Kurs auf Südwest nehmen. Endlich lächelte mich ein von Kugeln durchsiebtes Straßenschild an – wir waren im Baskenland: Puente la Reina 13 Kilometer. Das war so erlösend und befreiend, dass ich vom Rad stieg, um die frohe Botschaft zu fotografieren.

Kaum war ich wieder im Sattel, stach mir ein anderes Schild in die Augen: Santa Maria de Eunate. Ich erwartete diese Kirche, die für viele Jakobspilger zu den schönsten gehört und von der ich so viel gelesen hatte, ganz woanders. Der Umweg über Pamplona, über den ich mich zunächst geärgert hatte, wurde nun reichlich belohnt.

Der kleine, romanische Bau steht praktisch allein in einem weiten Getreidefeld. Ein achteckiger Grundriss und eine fünfeckige Apsis, die von einem kunstvollen Säulengang umgeben ist, verleihen dem Kirchlein Harmonie, Würde und Schlichtheit. Bis heute hat diese kleine Kirche ihr Geheimnis nicht preisgegeben. Man weiß nicht, von wem sie gebaut wurde und warum. Sie zu fotografieren, ist ein schier unmögliches Unterfangen. Vergeblich versucht man ihre Harmonie und ihre Schönheit adäquat ins Bild zu bannen.

Vor einem schmucken Nebengebäude stand ein kleiner Tisch. Hier konnte man seinen Pilgerpass abstempeln. Vor meiner Abreise hatte mir unser Bruder Michael an der Einsiedler Klosterpforte den ersten Stempel gegeben. Nun sollte sich jener von Eunate dazugesellen.

Froh stieg ich wieder aufs Rad, um die restlichen vier Kilometer bis nach Puente la Reina hinter mich zu bringen. Aber just in diesem Moment trat eine junge Dame aus dem Gebäude. Ob ich bei ihr etwas trinken wolle?

Es zog mich zwar unwiderstehlich nach dem zum Greifen nahen Ziel, aber ihr gewinnendes Lächeln und ihre Freundlichkeit ließen mich gleich wieder vom Rad steigen. Ich folgte ihr in das äußerst geschmackvoll eingerichtete Haus. Wie so viele Freiwillige auf dem ganzen Jakobsweg hütete sie hier das Heiligtum und betreute die vorbeiziehenden Pilger. Bei Melone und Eistee kamen wir rasch ins Gespräch.

Sie war aus Belgien und hatte ihre Jugend vorwiegend in spanischen Internaten verbracht, da ihr Vater Diplomat war. Als Heranwachsende fiel sie in eine tiefe Glaubenskrise und wollte von Gott nichts mehr wissen. Doch die Frage nach dem tieferen Sinn des Lebens ließ sie nicht los. Um ihr auf den Grund zu gehen, beschloss sie, allein und ohne Geld zu Fuß von Brüssel nach Santiago zu pilgern. Fast unvorstellbar!

Wo sie denn geschlafen habe, wollte ich wissen. Sobald der Tag sich neigte, so erzählte sie, ging sie auf irgendeine Frau zu, die ihr zufällig begegnete, erklärte ihr kurz die Situation und bat, bei ihr übernachten zu dürfen. Je ärmer die Leute waren, desto leichter fand sie Unterkunft und Verpflegung.

Als sie schließlich nach vielen Monaten Santiago erreichte, waren ihre quälenden Fragen beantwortet. Sie wusste nun, sagte sie mir, „dass Einer über uns ist, der für uns sorgt“. Nun hatte sie ihr Sprachenstudium an der Universität abgeschlossen und kam jedes Jahr nach Eunate, um einige Wochen lang für die Pilger da zu sein, um ihnen Mut zu machen und sie für den weiteren Weg zu stärken.

Ich packte die Gelegenheit am Schopf, um ihr meine Sorge anzuvertrauen. Wo nur könnte ich mein Rad bis zur Rückkehr verstauen? Kein Problem, meinte sie. Ich solle zum Herz-Jesu-Kolleg gehen, dem Pater Jesus einen schönen Gruß ausrichten und ihm mein Rad übergeben.

Santa Maria de Eunate, romanisches Kleinod auf freiem Feld

Dies war die erste tiefere Begegnung, die ich auf dem Jakobsweg erfuhr. Als ich nach einer Stunde weiterzog, fühlte ich mich selber rundum von dieser Vorsehung getragen, die das Leben der jungen Belgierin so wunderbar begleitet hatte.

Gleich einem König fuhr ich in Puente la Reina ein. Auf einem der ersten Häuser des Städtchens stand in großen Lettern: Albergue. Ein Wort, das auf meinem weiteren Weg wichtig werden sollte. Es handelt sich dabei um Herbergen, die den Pilgerweg säumen und stets gut organisiert sind. Um dort übernachten zu können, braucht man den Pilgerpass, der vom Jakobspilgerverein des jeweiligen Heimatlandes ausgestellt wird. Damit kann man in jeder Herberge gratis oder für wenig Geld duschen und schlafen. Doch am nächsten Tag, spätestens um 8 Uhr, müssen alle die Herberge verlassen haben, denn dann wird sie von freiwilligen guten Geistern geputzt und auf Vordermann gebracht. Und um die Mittagszeit treffen wieder neue Pilger ein.

Da ich nie Militärdienst geleistet hatte und im Kloster schon über 30 Jahre allein im Zimmer schlief, hatte ich den Pilgerpass mehr aus Neugierde erworben. Der bloße Gedanke, den Raum dicht aneinandergedrängt mit anderen schnarchenden und riechenden Leibern zu teilen, raubte mir den Schlaf.

Dennoch betrat ich die Herberge, um nach P. Jesus zu fragen. Am Empfang saß eine Matrone, die nur sehr entfernt einer Flamencotänzerin glich.

Warum ich denn zum Kolleg wollte, fragte sie barsch. Ich erklärte ihr, dass ich mein Rad dort abstellen wollte, um zu Fuß weiterzupilgern. Das Rad könne ich gleich bei ihr lassen, meinte sie, und Platz zum Übernachten hätte sie auch.

Nein, nein, winkte ich besorgt ab, ich hätte ja ein Zelt bei mir.

Dummes Zeug, erwiderte sie, ich solle gefälligst das Rad hereinbringen und in der Herberge übernachten. Punkt.

Was sollte ich nur machen? In meinem bisherigen Mönchsleben hatte ich noch selten mit so resoluten Frauen zu tun gehabt. Da war guter Rat teuer. Ich rang nach Worten und fand sie nicht. Es blieb nur die Kapitulation.

Gleich hinter ihrem Stuhl befand sich eine Besenkammer. Nur mit Mühe fand mein Rad zwischen den geheimnisvollen Truhen und Schachteln Platz. Name drauf, und die Kammer ward verschlossen. Ich könne das Rad wieder holen, wann ich wolle, sagte sie, und wenn es auch erst im Oktober wäre. – Bezahlen? „Ja, ja, wenn du zurückkommst."

Etwas verstört trug ich meine Sachen in den zugewiesenen Schlafraum. Er sah sehr sauber aus. Es gab dort Stockbetten für etwa 30 Leute. Um diese Zeit hielten sich die meisten Pilger draußen auf. Ein gepflegter Rasen lud sie ein, sich von den Strapazen zu erholen. Sie schrieben Karten, dösten vor sich hin oder wuschen ihre Sachen. In der Herberge war auch eine Art Küche, wo man die mitgebrachten Vorräte essen konnte.

Für mich hatte jetzt die Suche nach ein Paar Wanderstöcken Priorität. Beim Trainieren in Einsiedeln hatte ich gute Erfahrungen damit gemacht. Daher wollte ich den weiteren Weg nicht ohne sie in Angriff nehmen. An der Rezeption studierte ich die Busverbindungen nach Pamplona. Das entging der Matrone nicht. Sie wollte wissen, was ich jetzt noch im Sinn hätte. Ah, meinte sie beleidigt, Pilgerstöcke gäbe es doch hier, dafür müsse ich nicht nach Pamplona fahren. Und sie verwies mich auf ein Geschäft an der Hauptstraße.

Dort empfing mich ein mürrischer Mann, der nur schwere, selbstgefertigte Holzstöcke vertrieb. Das war überhaupt nicht das, was ich suchte. Zurück in der Herberge, wollte meine Schlummermutter sofort wissen, wo ich den erstandenen Stock hätte. Ich versuchte ihr zu erklären, dass ich zwei Skistöcke bräuchte, nicht einen einzelnen Holzstock. Da schickte sie mich in den Gemischtwarenladen. Und wirklich, in einer Ecke, hinter dem Fenster, hingen tatsächlich ein Paar Stöcke, made in Italy. Sie wurden meine treuen Begleiter, die mich nie im Stich lassen sollten. Kam es vor, dass ich sie aus Unachtsamkeit liegen ließ, so scheute ich weder Weg noch Zeit, um sie wieder zu holen.

Als zwei Jahre später, im Tiefschnee des Bregenzerwaldes, für einen von ihnen die Belastung zu groß wurde, sodass er entzweibrach, konnte ich mich nur schwer von ihm trennen. Den Überlebenden besitze ich immer noch. Er hat bei mir Wohnrecht, solange ich lebe.

Puente la Reina ist ein faszinierender Ort. Die Hauptstraße ist eng und von alten, hohen Häusern flankiert. Sie verläuft genau Richtung Westen, was zur Folge hat, dass die untergehende Sonne ihre letzten Strahlen in diese Häuserreihe wirft und dem Pilger mit goldenem Finger zeigt, in welche Richtung er am nächsten Morgen losziehen darf. Die Straße endet beim Fluss Orga und führt geradewegs auf jene Brücke zu, die dem Ort den Namen gab. An schönen Tagen spiegelt sich ihr Bild so perfekt im Wasser, dass man auf einem Foto das Spiegelbild vom Urbild kaum zu unterscheiden vermag.

Nun hatte ich also mein erstes Zwischenziel erreicht. Ganz früh am nächsten Morgen würde ich meine ersten Schritte als Fußpilger tun. Auf das Frühstück verzichtete ich gerne. Ich wollte als einer der Ersten starten und die Schwelle der Herberge ganz bewusst überschreiten.

Bei untergehender Sonne betrat ich ein Wirtshaus, das ein preisgünstiges Pilgermenü offerierte. Ich griff kräftig zu, denn es sollte ja zugleich mein Frühstück sein. Als ich in die Herberge zurückkam, waren die Stockbetten schon ziemlich belegt. Ich hatte vergessen, meine Sachen für die Nacht bereitzustellen, solange es noch hell war. Wo hatte ich nur die Taschenlampe? Es blieb mir nichts anderes übrig, als ewig im Rucksack zwischen den Plastiksäcken herumzusuchen. Da sie unauffindbar blieb, musste ich nach und nach alles auspacken. Knisternde Geräusche waren dabei unvermeidlich.

Wiederholt wurde ich im Dunkeln von genervten Pilgern aufgefordert, endlich Ruhe zu geben.

Auch ich selbst konnte lange Zeit nicht einschlafen, denn es war sehr heiß. Zudem wagte ich es nicht, mich im Bett umzudrehen, denn das hätte die Schläfer neben und unterhalb von mir wecken können. Gegen vier Uhr musste ich auf die Toilette. Nachher legte ich mich nochmals kurz hin. Sobald die ersten Pilger aufstanden, würde ich mich ihnen anschließen, um im ersten Schein der Morgenröte die Brücke von Puente la Reina achtsam Schritt für Schritt zu überqueren.

ALS „STÜRMI" UNTER MÜDEN UND LAHMEN

18. Juli

Plötzlich wurde ich unsanft geweckt. Die Matrone stand an meinem Bett. Ich solle jetzt endlich mal aufstehen und gefälligst die Herberge verlassen. Schlaftrunken schaute ich auf die Uhr. Es war schon acht! Ich war also doch noch tief eingeschlafen! Alle anderen Pilger waren schon längst über Stock und Stein.

Rasch stopfte ich all meine Habseligkeiten in den Rucksack und floh kopflos aus der Herberge, ohne Morgengebet, ohne Morgentoilette, ohne Frühstück. Auch meinen Vorsatz, die Schwelle der Herberge ganz bewusst und achtsam zu überschreiten, vergaß ich völlig.

Das kam mir erst wieder in den Sinn, als ich nach meiner überstürzten Flucht mitten auf der Brücke der Königin stand und in die ruhigen Fluten hinabschaute. Da erst setzte ich ganz bewusst einen Fuß vor den anderen.

Ich wollte es auch bei meiner Rückkehr so halten. Wann würde das wohl sein? Würde ich die Brücke überhaupt wiedersehen? Und in welcher Verfassung würde ich dann wohl sein? Viele Fragen und Unsicherheiten stiegen in diesem Moment hoch. Doch ich ließ sie einfach auf der Brücke stehen und brach auf, Richtung Westen, Richtung Santiago.

Mein Rad hatte ich nun für längere Zeit gut verstaut, und ich war froh, endlich festen Boden unter den Füßen zu haben. Das Pilgern mit dem Fahrrad hatte durchaus seine Vorteile. Auf dem Fahrrad sitzend, konnte ich mich an den Landschaften, die langsam an mir vorüberzogen, nicht genug sattsehen. Ich hatte viel Zeit zum Schauen, zum Hören, zum Riechen. Ich sog die Düfte ein, spürte die Luft im Gesicht und nahm viele Geräusche wahr.

Jedes überholende Fahrzeug hinterließ seine ihm eigene „Visitenkarte". Es sprach von der täglichen Arbeit der Bauern, der Buschauffeure, der Lastwagenfahrer und Kleinwarenhändler. Es erzählte aber auch von Ferien und Vergnügen, von Reiselust und Freizeit. Für manche Sportwagenfahrer war die Straße der Laufsteg, wo sie ihre rassigen Lieblinge vorführten. Ihr Adrenalinspiegel stieg gewaltig an, wenn Passanten neidvoll den herausgeputzten Statussymbolen nachschauten. Dann gaben sie noch ein paar PS dazu, um auch die Ohren der Bewunderer vollends zu überzeugen.

Nicht anders die Motorradfahrer, deren Lederkombi und Maschinen oft zu einer Einheit von Form und Materie verschmolzen. Wenn ihr Motorrad sich wie ein Pferd aufbäumte und den Boden nur noch mit dem Hinterrad berührte oder der geräuschvoll aufheulende Motor dem Wiehern eines Hengstes in nichts nachstand, dann erinnerten sie mich an Häuptling Winnetou auf seinem prachtvollen Pferd Iltschi. Sie alle waren meine Wegbegleiter, jeder auf seine Art. Vor allem die nicht enden wollenden Abfahrten blieben mir unvergessen. Sie waren immer von großer Dankbarkeit geprägt, was sich bei mir in lautem Singen bemerkbar machte. Ohne jede körperliche Anstrengung schmolzen die Kilometer einfach so dahin.

Ging es schön geradeaus, dann hatte ich den Kopf frei für alle möglichen Gedanken.

Stand aber eine Steigung bevor, so war das immer die Zeit für die Meditation und das Gebet. Besonders bei einem langen, gleichmäßigen Anstieg stellte sich ein Rhythmus ein, der dem stillen Gebet sehr förderlich war. Denn bergaufwärts musste ich nicht auf die Gefahren achten, die sonst überall lauerten (Tiere, Schlaglöcher, Gegenstände, Randsteine etc.).

Ein Damoklesschwert jedoch schwebte immer über meinem Haupt. Dass nämlich das Fahrrad irgendwann auf offener Strecke einen Defekt haben könnte. Jedes verdächtige Geräusch wurde sorgfältig registriert, begleitet von der bangen Frage: Bahnt sich da etwas Schlimmes an? Werde ich es selber reparieren können? Oder muss ich schon bald Autostopp machen?

Tauchten andererseits Fußpilger auf, die sich mühsam auf dem harten Straßenbelag dahinschleppten, war ich dankbar für meinen Drahtesel, und er durfte eine Liebkosung empfangen wie ein Rennpferd nach bestandenem Parcours. Begreiflicherweise war ich mit dem Fahrrad viel einsamer als zu Fuß. Auf den Zeltplätzen, eingeklemmt zwischen eleganten Wohnwagen und feudalen Zelten, fühlte ich mich oft wie ein Exot. Mit den anderen Campingplatzbewohnern gab es außer einem freundlichen Kopfnicken bei der Ankunft kaum Kontakt, da ich in der Regel erst gegen Abend eintraf und morgens schon wieder unterwegs war, bevor die anderen sich zeigten.

Viele Pilger, besonders Spanier und Portugiesen, absolvieren den Weg gerne mit dem Fahrrad, denn die meisten können sich die wochenlange Abwesenheit von zuhause schlichtweg nicht leisten. Es ist aber ratsam, zumindest einen Teil der Strecke zu Fuß zurückzulegen. Der Bodenkontakt und der Rhythmus des Gehens sind für das tiefere Erspüren des Jakobsweges unverzichtbar.

Da stand ich also mitten auf der Brücke der Königin. Zum ersten Mal ohne Rad. Die Freude, unter meinen Sandalen den nackten Erdboden und nicht mehr die Pedale zu spüren, war groß. Schon bald holte ich mit kräftigen Schritten aus.

Während die ersten paar Kilometer durch ein liebliches Tal führten, umfing mich bald dröhnender Baulärm. Mein

Weg führte geradewegs über aufgetürmte Erdhaufen und staubigen Bauschutt. So erfuhr ich gleich am ersten Tag, dass der Weg nach Santiago nicht immer jenen romantischen Bildern entspricht, die man sich von ihm macht. Der Camino ist kein Naturlehrpfad und keine gepflegte Promenade. Den Jakobsweg an sich gibt es sowieso nicht. Das Ziel ist klar, aber es führen verschiedene Wege dorthin. Die Jakobspilger früherer Zeiten folgten einfach den Händlern und Reisenden und benutzten deren Pfade. Diese wurden im Lauf der Jahrhunderte zu Straßen ausgebaut und asphaltiert. Während die Pilger noch bis vor kurzem auf diesem harten Belag laufen mussten und dem Straßenverkehr in gefährlicher Weise ausgesetzt waren, sind mittlerweile fast überall Schotterwege angelegt, die parallel zu den belebten Straßen verlaufen. Man ist zwar dem Lärm und dem Gestank der vorbeifahrenden Fahrzeuge ausgesetzt, aber daran gewöhnt man sich. Das ist immer noch besser als harten, abtötenden Teer unter den Füßen zu haben.

In der heißen Mittagszeit freute ich mich gar, wenn in der Ferne ein Lastwagen auftauchte. Denn der brachte für einen kurzen Augenblick einen kräftigen, kühlenden Windstoß mit sich, der mir nicht selten den Pilgerhut vom Kopf blies.

Schon bald holte ich die ersten Pilger ein, die ich, wie es in Spanien Brauch ist, mit einem freundlichen „Hola!" begrüßte. Einige von ihnen hatten Blasen und schleppten sich mühsam dahin. Als ich im Laufschritt an ihnen vorbeizog, wird wohl der eine oder andere von ihnen gedacht haben: „Warte nur, du Stürmi, du wirst auch noch langsamer werden!"

Kaum war ich wieder allein auf weiter Flur, kam schon die erste Abzweigung. Es war nicht ganz klar, in welcher Richtung es nun weitergehen sollte. Doch ich wollte auf keinen Fall auf jene warten, die ich soeben elegant überholt hatte, und so vertraute ich blindlings meinem noch etwas unterentwickelten Pilgerinstinkt. Kurzerhand bog ich nach links ab.

Doch nach einiger Zeit hörte ich von Weitem die soeben überholten Pilger rufen. Sie machten mich aus der Ferne, in Sprechchören skandierend und Taschentücher schwenkend, auf meinen Irrtum aufmerksam. Es blieb mir nichts anderes übrig, als zur verflixten Abzweigung zurückzukehren, um erneut zur Schar der Müden und Lahmen aufzuschließen. Ich wagte es aber nicht, sie noch einmal zu überholen und lief daher brav hinter ihnen her. Die Folge war, dass ich beim Gehen fast einschlief. Zum Glück legte die Gruppe schon nach einer halben Stunde eine Pause ein. So konnte ich, mit kräftigem Doppelstockeinsatz, wieder losstürmen.

Es sollte nicht das letzte Mal sein, dass ich mich verlief. Der Camino ist nicht immer deutlich markiert. Wenn irgendwo etwas umgebaut wird oder etwas Neues entsteht, dann fehlen dort oft die Markierungen, die in Spanien meist aus einem gelben, grob gemalten Pfeil bestehen. In den Dörfern kann man bei Unsicherheiten nachfragen. Doch im freien Gelände, oft meilenweit von jeder menschlichen Behausung entfernt, ist man völlig auf sich allein gestellt, und man muss die vergessenen Instinkte der Vorfahren reaktivieren. Mit der Zeit erlernt man das Deuten von Fußspuren. Gibt es auf dem Weg ein wenig Gras, so kann man an seinem Aussehen erkennen, ob Pilger diesen Weg benützen oder nicht. Denn auf dem unendlich langen Jakobsweg ist jede weiche Unterlage höchst willkommen. Man wechselt sogar die Straßenseite, wenn man drüben einen Grasstreifen entdeckt, der einem das Gehen etwas erleichtert.

Trotzdem gab es immer wieder Umwege. So ärgerlich und zeitraubend diese auch waren: Jedes Mal hielten sie eine Überraschung bereit. Und so konnte ich ihnen immer auch etwas Gutes abgewinnen.

Ich erinnere mich an einen hageren Bauern mit einem schnauzbewehrten Gesicht. Hätte ich mich nicht verirrt, wäre ich ihm nie begegnet. Zuerst flößte er mir Angst ein, denn er trug ein Gewehr und schaute grimmig um sich, als er meine Schritte nahen hörte. Er schien über meine Anwesenheit keineswegs erfreut. Auf seinen Pfiff hin kam ein kleiner Hund aus dem Gebüsch, legte sich ihm zu Füßen und betrachtete mich misstrauisch knurrend.

Um die Situation zu entspannen, begann ich, meine innere Empörung unterdrückend, Interesse zu zeigen für das, was an seinem Gürtel baumelte. Da hingen, wie Perlen an einem Rosenkranz, zehn kleine Wachteln, die an einer Drahtschlinge am Kopf aufgespießt waren. Ein schrecklicher Anblick für einen passionierten Vogelliebhaber. Doch ich muss mich recht gut verstellt haben, denn nicht ohne Stolz begann er, mir seine Jagdmethode zu erklären. Sein speziell ausgebildeter Wachtelhund läuft, beständig mit der Nase am Boden schnüffelnd, die Ackergräben entlang. Dabei lässt er seinen Herrn oft weit hinter sich. Sobald er Wachteln ausfindig macht, setzt er sich hin und wartet geduldig auf seinen Herrn. Dann erst spürt er die Wachteln im Gebüsch auf. Diese schnellen, wie es allen Rebhuhnartigen eigen ist, senkrecht in die Luft, direkt vor die Schrotflinte seines Meisters, der sie nur mehr abzuknallen braucht.

Der Grund für einen anderen Irrweg war eine abgelegene Autobahnbaustelle. Noch nie im Leben habe ich so viel feinen Staub am Boden und so dichte Staubwolken in der Luft gesehen wie dort. Ich muss wie ein mit viel Puderzucker bestreuter Sandkuchen ausgesehen haben. Augen und Nase waren voll Staub, und zwischen meinen Zähnen knirschte es. Kein Weg war mehr da, keine Markierung, alle Spuren dahin.

Ich suchte lange im Kreise herum, aber vergeblich. Einzige Orientierungshilfe war wieder einmal die Sonne, die mir die

Richtung gegen Westen wies. Allerdings ging es zuerst einmal durch dichtes Gestrüpp. Da stieß ich mitten im unwegsamen Gelände auf eine zierliche, etwa fünf Meter hohe Brücke aus der Römerzeit. Ein wunderschönes Fotosujet für einen ehemaligen Lateinlehrer! Ich wollte die Brücke von unten, vom Wasser her fotografieren, mithilfe des Selbstauslösers. Mit mir als einsamem, von der Last des Rucksacks niedergebeugtem Pilger, würde das ein gelungenes Bild geben.

Gedacht, getan. Ich positionierte meine Kamera unten am Bach und betätigte den Selbstauslöser. Dann rannte ich schnell zur Brücke hinauf und überquerte sie langsam und bedächtig. Drei Mal wiederholte ich das Prozedere, um ganz sicher zu sein, dass es mit dem Foto klappen würde. Als ich später die Bilder entwickelt zurückbekam, musste ich laut lachen. Drei identische, schöne Brückenbilder waren da zu sehen. Aber auf keinem von ihnen fand sich der fromme, im Gebet versunkene Pilger!

Nach einigen Irrwegen und Schwierigkeiten erreichte ich schließlich das Städtchen Cirauqui, das auf einem markanten Hügel thront. Über mittelalterliche Stufen und enge Gassen stieg ich zum hochgelegenen Dorfplatz hinauf. Da oben konnte ich meinen Pilgerpass abstempeln, um nachher auf einer steilen, von Zypressen flankierten Römerstraße weiterzuziehen.

Ich hatte keine Ahnung, welche Distanz ich pro Tag bewältigen würde. Mein Pilgerführer gab die 22 Kilometer von Puente la Reina nach Estella als Tagesstrecke an. Trotz meines zeitraubenden Fehlstarts traf ich schon am frühen Nachmittag in Estella ein.

An einem kleinen Fluss vergnügten sich Kinder in ihren Kanus. Hier wollte ich eine kurze Rast einlegen. Ich war überrascht, dass niemand im Fluss badete. Fiel ein Kind aus Unvorsichtigkeit ins Wasser, kletterte es so schnell wie möglich ins rettende Boot zurück. Des Rätsels Lösung war die Wassertemperatur. Trotz brütender Hitze ringsum war das Wasser, das wohl direkt aus den Bergen kam, eisig kalt. Ich wagte mich trotzdem hinein und tauchte rasch unter. Das tat wohl bis in die innersten Fasern! Erfrischt durchquerte ich die um die Mittagszeit wie ausgestorben daliegende Stadt. Kaum aber hatte ich Estella verlassen, bemächtigte sich meiner eine lähmende Müdigkeit. Die Sonne brannte unbarmherzig. Die Luft in der Lunge und das Wasser in der Flasche gingen unaufhaltsam aus.

Da erhob sich direkt am Weg, gleich einer Fata Morgana, ein großes Shoppingcenter. Es war zwar durch einen Drahtzaun vom Jakobsweg getrennt, aber irgendein Pilger, der vielleicht noch verzweifelter gewesen war als ich, hatte da schon eine Bresche geschlagen. Am Empfang musste ich meinen schweren Rucksack abgeben, was mir sehr peinlich war, denn an ihm baumelten die nasse Badehose und ein sehr schmutziges Tuch. Da stand ich also in diesem Konsumpalast, mit nassem Rücken und kurzen Hosen, mit verschwitztem Leibchen und zwei sperrigen Wanderstöcken bewaffnet, verwirrt vom vielfältigen Angebot, bombardiert mit der andauernd plärrenden Musik und dem kalten Licht der flimmernden Neonröhren ausgesetzt. Ich lief ziellos umher, nahm dieses und jenes in die Hand, prüfte den Preis, legte es wieder hin, ohne mich entscheiden zu können.

Aber an der Kasse musste ich ja irgendetwas aufs Förderband legen. So nahm ich einen Liter Orangensaft und zwei Joghurts mit, die ich, um die Becher nicht mittragen zu müssen, gleich hinter dem Center auslöffelte, zwischen Stapeln von Leergebinden und ein- und ausfahrenden Lastwagen. Sie schmeckten göttlich, wie Nektar und Ambrosia. Ich fühlte, wie meine Lebensgeister zurückkehrten, und nahm den Weg mit neuer Kraft unter die Füße.

Schon nach wenigen Kilometern schlug ein Wegweiser zwei Varianten vor. Ich konnte entweder geradeaus laufen oder nach links abbiegen, um die Talseite zu wechseln und am Kloster Irache vorbeizukommen. Aus Bequemlichkeit blieb ich auf dem eingeschlagenen Weg. Doch beim Weitergehen wollte mir der Name „Irache“ nicht mehr aus dem Sinn. Irgendetwas Besonderes gab es bei diesem Kloster, aber was? Erst ein Blick in den Pilgerführer lüftete das Geheimnis. Irache war der Ort mit der mysteriösen Quelle, aus der Wein sprudeln soll. Wäre dem tatsächlich so, wäre das, theologisch gesprochen, ein eschatologisches (endzeitliches) Zeichen, denn dann wäre erfüllt, was der Prophet Jesaja für die Endzeit schreibt: „Auf, ihr Durstigen! Kommt und holt ohne Geld Wein!“ (Jes 55,1) Ob jedoch eschatologische oder andere Gründe mich bewogen, dieses Gratisweines wegen freiwillig umzukehren, bleibe dahingestellt. Jedenfalls kehrte ich um und ging nun geradewegs zum Kloster Irache, einer alten, einst sehr mächtigen Benediktinerabtei, die sich zu ihrer Glanzzeit im 17. Jahrhundert nicht nur um die Pilger bemühte, sondern sogar eine Universität beherbergte.

Dem Kloster gegenüber befindet sich die berühmte Weinkellerei der „Bodegas Irache“. Der clevere Eigentümer hatte die Idee, bei seiner Kellerei nicht nur einen Hahn für Wasser, sondern auch einen solchen für Wein einzurichten, wo Pilger kostenlos den Saft navarrenischer Trauben verkosten können. Für den Besitzer ist das eine medienwirksame Werbung, zur feierlichen Einweihung lud er sogar einen Kardinal ein.

Da also stand ich nun, ganz allein in einem kleinen Hof. Ich wusste nicht recht, ob ich jetzt den Hebel „Agua“ oder „Vino“ betätigen sollte. Ich entschied mich für „Vino“. Doch statt des erhofften Weinstrahles flossen nur ein paar kümmerliche Tropfen in meine Plastikflasche, und es brauchte viel, bis sich da ein Schluck zusammenfand. Der allerdings mundete hervorragend. Ich versuchte mein Glück nochmals, aber vergeblich. So begnügte ich mich mit einem Foto des Ortes und packte meine Sachen zusammen.

Ein Jugendlicher fuhr mit seinem Mofa direkt in den Hof herein. Meine Gegenwart schien ihn zu stören, und er wartete, bis ich weggehen würde. Ich merkte sogleich, dass er etwas im Schilde führte, und beschloss zu bleiben. Ich tat so, als ob ich in meinem Rucksack etwas suchte und packte Dinge ein und wieder aus. Er warf mir immer wieder einen nervösen Blick zu. Ich tat so, als ob ich ihn überhaupt nicht beachten würde. Schließlich machte er sich am Weinhahn zu schaffen. Aus den Augenwinkeln heraus, immer noch in meinen Plastiksäcken wühlend, konnte ich beobachten, wie er mit einer raffinierten Technik den Wein reichlich zum Fließen brachte und sich mit einer vollen Weinflasche entfernte. Nun näherte ich mich selber der Weinquelle und wandte die abgeluchste Technik an. Es funktionierte. Im Nu war alles voll, was ich füllen wollte.

Beim Weggehen entdeckte ich über der Weinquelle eine bisher unbeachtete kleine Tafel. Sie diente wohl dazu, die Jugend der Umgebung vom Missbrauch des Gratis-Alkohols abzuhalten. Darauf stand sinngemäß:

„Lieber Pilger! Wir freuen uns, dass Sie sich hier für Ihren weiteren Weg stärken konnten. Wenn Sie sehen wollen, wie Sie aus den Bodegas Irache Wein geschöpft haben, können Sie es heute Abend im Internet unter der angegebenen Adresse tun.“ Sprachlos stand ich da. Also hatte man mich während des Weinabfüllens mit einer Geheimkamera gefilmt!

Schnell packte ich alles zusammen und eilte davon, weit weg vom Ort des Geschehens. Es ging zunächst lange Zeit der Klostermauer entlang. Was sich dahinter wohl verbarg? Vielleicht Schwestern bei der Weinlese? Oder Bohnen sortierende Nonnen unter einer Laube? Oder gar eine Mystikerin wie die heilige Teresa von Avila, in Ekstase versunken?

An einer Stelle war die Mauer etwas schadhaft. Es gelang mir, ein Stück weit hinaufzuklettern und einen Blick in den Klausurgarten zu werfen. Aber statt frommer Nonnen waren da nur Dorngestrüpp und Brennnesseln zu sehen. Erst später erfuhr ich, dass das Kloster schon lange aufgehoben war und auch nur Mönche beherbergt hatte.

Etwas beschämt ob meiner ungebührlichen Neugierde landete ich mit einem Sprung wieder auf dem festen Boden. Nun ging es in der brütenden Nachmittagssonne weiter, immer noch der Klostermauer entlang.

In der Ferne endlich lockte ein einladendes Eichenwäldchen. Doch ganz unerwartet versperrte mir eine Autobahn den Zugang zum schattigen Hain. Lange Zeit folgte ich der Umzäunung, ohne auf eine Überführung zu stoßen. So machte ich rechtsum kehrt und ging den ganzen Weg wieder zurück, immer dem Lärm der Autos ausgesetzt. Endlich kam eine Unterführung, die mich zum schattigen Wäldchen führte. Hier nahm ich zuerst einmal einen Schluck des köstlichen Gratisweines und legte nach all der Aufregung eine Pause ein.

Als ich an meiner Kamera etwas überprüfen wollte, war sie nicht an ihrem gewohnten Platz. Ich tastete im Rucksack herum, aber sie war nicht zu finden. Irgendwo hatte ich sie liegengelassen, aber wo? Es gab nur zwei Möglichkeiten: Sie konnte bei der Mauerkletterei aus der Seitentasche gefallen sein, oder sie lag bei der verflixten Weinquelle. Alles in mir sträubte sich, umzukehren und auf die Suche zu gehen. So zog ich widerstrebend weiter. Doch schon nach wenigen Schritten tat es mir leid um meine zwar billige, aber vertraute Kamera, in welcher die bis dahin gemachten Aufnahmen auf ihre Entwicklung warteten. So versteckte ich meinen Rucksack im Unterholz und lief den ganzen Weg zurück. Wenigstens wusste ich schon, wo die Autobahn zu unterqueren war.

Aber dort, wo ich die Klostermauer hochgeklettert war, fand sich keine Kamera im dürren Gras. Dafür entdeckte ich zu meiner großen Freude mein Lieblingsinsekt, die große Mantis religiosa, die Gottesanbeterin, eine vollkommene Meisterin der Tarnung. Das war ein echter Trost für die verpassten Gottesanbeterinnen, die ich zuvor hinter der Klostermauer vermutet hatte, beim Bohnenlesen oder im Gebet versunken.

Widerwillig ging es zur Weinquelle hinunter. Ich wollte mich kein zweites Mal filmen lassen. Ein kurzer, verstohlener Blick in den Hof genügte. Da lag keine Kamera herum. So stieg ich frustriert den ganzen Weg wieder hoch, verärgert über die sinnlos verlorene Zeit. Schweißgebadet suchte ich im Rucksack nach einem trockenen Wäschestück – und stieß unverhofft auf den Fotoapparat, den ich in der Eile an einem anderen Platz verstaut hatte. Nun war wieder alles gut. Rundum zufrieden zog ich weiter, zuerst im kühlen Schatten der Bäume, dann durch blühende Lavendelfelder.

Die Sonne neigte sich dem Westen zu. Ich brauchte einen Platz zum Übernachten. Bis nach Los Arcos, der nächstgrößeren Ortschaft, würde ich es nicht mehr schaffen. Verspätete Bauern fuhren mit ihren Traktoren in ihre Scheunen zurück. Die untergehende Sonne verwandelte die Staubwolken, die sie hinter sich herzogen, in goldene Feuerbälle. Ihre letzten Strahlen verliehen jeder Ackerkrume einen länglichen Schatten, sodass sich die Felder für kurze Zeit in eine Art Mondlandschaft verwandelten.

Der Weg führte jetzt durch ein breites, offenes Gebiet. Weinberge und Getreideäcker lösten sich ab. Die Mähdrescher hatten ihre Arbeit vielerorts bereits getan und hinterließen am Boden ein Heer von spitz zum Himmel ragenden Stoppeln. Das war keine günstige Unterlage für ein Zelt. Zwischen den Rebstöcken wollte ich mich auch nicht niederlassen, um keinen Winzer zu verärgern.

Unablässig folgte Weinberg auf Weinberg und Acker auf Acker. Endlich erspähte ich in der Ferne einen mächtigen Haufen von aufgeschichteten Strohballen, in deren Schutz ich mein Zelt aufstellen wollte. Als ich aber näherkam, fielen mir die vielen herumliegenden Papiertaschentücher auf. Der Geruch, der in der Luft lag, ließ keinen Zweifel aufkommen, dass sich hier eine Sammelstelle dessen befand, was der heilige Benedikt in seiner Regel „die Notwendigkeiten der menschlichen Natur" nennt. Leider bleibt auch ein frommer Pilger auf dem Jakobsweg diesen Gesetzen unterworfen. Solange die Gegend baum- oder buschbestanden ist, teilt sich die Verrichtung dieser notwendigen Geschäfte gleichmäßig auf. Verläuft der Weg aber in einer offenen, weiten Landschaft, so ist man (und erst recht frau) nach oft stundenlangem Warten und kurz vor der Verzweiflung um jeden Baum oder jede Bodenerhöhung dankbar. Da kam dieser haushohe Strohberg für viele gerade recht. An solchen Stellen allerdings summieren sich die stinkenden Häufchen derart, dass an ein längeres Verweilen oder gar Zelten vor Ort nicht zu denken ist.

Die Sonne war nun schon untergegangen, und es war höchste Zeit, ein Nachtlager zu finden. Vorerst gab es nichts anderes, als weiterzugehen und zu hoffen.

Da erschien am Horizont die Silhouette einer Baumgruppe. Ich beschloss, auf jeden Fall dort zu übernachten, egal, wie es aussehen und riechen sollte.

Da näherte sich wie aus dem Nichts ein dunkler Kleinbus, der genau dort anhielt, wo ich mein Zelt aufstellen wollte. Aus sicherer Entfernung erkannte ich trotz der einbrechenden Nacht, wie drei Männer ausstiegen und den Boden abzusuchen begannen. Von Zeit zu Zeit kamen sie wieder zusammen und hielten Rat. Dann ging die Suche weiter. Alles schien sehr mysteriös. Ich hielt sie für Drogenkuriere oder für mit Metalldetektoren ausgerüstete Numismatiker auf der nächtlichen Suche nach altrömischen Münzen. Und sie machten keinerlei Anstalten, wieder abzuziehen.

Ich saß wie in der Falle. Wo immer ich mein gelbes Zelt aufstellen würde, es bliebe ihnen nicht verborgen. Und einschlafen würde ich unter diesen Umständen schon gar nicht können, ich, der als Kind jeden Abend vor dem Einschlafen unter das Bett schaute, ob sich da kein Einbrecher versteckt hätte.

Das Beste in dieser verzwickten Situation schien mir, allen Mut zusammenzunehmen und furchtlos an ihnen vorbeizumarschieren. Ich wollte mir einerseits den Anschein eines einfachen, müden Pilgers geben. Anderseits hatte ich im Sinn, ihnen durch meine Körperlänge (immerhin 1,96 Meter) zu imponieren und sie mit einem überzeugenden „Hola!" zu begrüßen. Vielleicht würde das Eindruck auf sie machen?

Der Plan ging voll auf. Die drei Unbekannten schauten mich kaum an, erwiderten meinen Gruß nur kurz und suchten weiter. Im Vorübergehen warf ich flüchtig einen Blick auf die Autonummer, um sie mir zu merken, falls sich die Polizei von Los Arcos dafür interessieren sollte.

Mich traf fast der Schlag. Es waren Schweizer Kennzeichen. Landsleute aus dem Wallis, der Heimat meines Abtes Martin. So kehrte ich um und sprach sie an. Freude herrschte. Im Laufe des Gespräches wollten sie immer mehr von mir wissen. Als sie erfuhren, dass ich Priester bin, strahlten sie. Sie waren die Leiter einer charismatischen Gruppe namens „Eucharistein". Sie erzählten mir, dass sie zwölf Jugendliche begleiteten. Diese seien zu Fuß unterwegs und müssten jeden Moment hier eintreffen. Sie selber suchten schon längere Zeit nach einem günstigen Platz, um die Zelte aufzustellen und alles herzurichten. Erst in einer Woche würde auch ein Priester zu ihnen stoßen. Dass sie mich aber ausgerechnet jetzt getroffen hätten, das sei doch göttliche Vorsehung. Sie baten mich inständig, morgen früh mit ihnen zusammen Eucharistie zu feiern. Sie hätten alles dabei, was es dazu braucht.

Im Moment ging mir das alles etwas zu schnell. Ich war vor zwei Wochen von daheim losgezogen, um ein armer Pilger unter armen Pilgern zu sein, unerkannt, namenlos, ohne Titel und Würde. Und jetzt sollte ich plötzlich wieder „Hohepriester nach der Ordnung Melchisedeks" sein. Aber sie drängten mich. Und ich sagte zu. Ich war ja so erleichtert, statt krimineller Numismatiker nun fromme Charismatiker als Zeltnachbarn zu haben. Und innerlich freute ich mich auf den Gottesdienst mit ihnen.

Später trafen auch die Jugendlichen ein, todmüde. Nach einem von warmem Tee begleiteten Nachtgebet verschwanden alle sogleich in den hergerichteten Zelten.

Die geistbeseelte Schar beeindruckte mich sehr. Ihre friedliche Ausstrahlung wiegte mich in einen sanften Schlaf.

EIN CHARISMATISCHES „MORGENMAHL" INMITTEN DER EINTÖNIGKEIT

19. Juli

Die Eucharistiefeier war auf acht Uhr angesetzt, eine für Jakobspilger eher späte Zeit. Und es dauerte noch lange, bis alle bereit waren. Es war eine sympathische Gruppe, die da miteinander sang, betete, lachte und alles teilte. Unter ihnen befand sich ein kleiner Farbiger, dessen linkes Bein signifikant kürzer war als das rechte. Bei jedem Schritt sackte er tief ein, um sich dann wieder mühsam hochzuziehen. Aber er machte alles mit, als ob nichts wäre. Er war froh, dabei zu sein, und er wusste, dass die anderen auf ihn Rücksicht nahmen.

Die morgendliche Eucharistiefeier auf offenem Feld, wo bis vor Kurzem noch das Getreide stand, blieb mir unvergessen. Mein Pilgerführer hatte für diesen Wegabschnitt lapidar vermerkt: „Von Villamayor bis zum 12 Kilometer entfernten Los Arcos gibt es keine Dörfer. Dieser Abschnitt ist ziemlich eintönig und verläuft zwischen Getreidefeldern und Weingärten hügelauf- und abwärts."

Getreidefelder und Weingärten eintönig. Nun gut. Brot und Wein. Eintönig. Mag sein. Aber Jesus hatte ausgerechnet diese „langweiligen", alltäglichen Früchte der Getreidefelder und der Rebberge für sein letztes Abendmahl ausgewählt. Er wollte eben gerade im Unscheinbaren unter uns sein.

Und so feierte ich mit der Gruppe „Eucharistein" Eucharistie. Statt eines denkmalgeschützten Mosaikbodens breiteten sich da Getreidestoppeln aus, deren Frucht als Brot in der Hostienschale lag. Vom Wein der uns umgebenden Rebstöcke war der Kelch gefüllt. Über uns spannte sich das azurne Firmament in seiner schlichten Schönheit. Der Morgenwind trug vielfältigere Aromen herbei, als sie einem Weihrauchfass entströmen können. Das Zirpen der Grillen und der Gesang der Vögel ersetzten den brausenden Klang der Orgel. Und als sich bei der Wandlung die erhobene Hostie mit dem Blau des Himmels vermischte, da verschmolzen für einen Moment Getreidefelder und Leib Christi, Weinberge und Blut Christi, Himmel und Erde, Gott und Mensch.

Als wir nach der Kommunion einfach dasaßen und schwiegen, fühlten wir uns alle tief eingetaucht in dieses große Geheimnis. Aber die Sonne stand schon hoch am Himmel. Sie drängte zum Aufbruch. Ich schloss mich für eine Zeit lang der Gruppe an, die sich singend, betend und ab und zu auch tanzend fortbewegte. Diese Art entsprach aber nur sehr entfernt meinem gewohnten Laufstil. Und so verabschiedete ich mich von der frohen Schar, die mir ans Herz gewachsen war.

Ich sollte sie noch zweimal überholen, da sie gewisse Strecken im Kleinbus zurücklegten und mir dann wieder voraus waren. Jedes Mal gab es ein herzliches Wiedersehen. Zum letzten Mal begegnete ich ihnen unverhofft in Galizien, als ich mich schon wieder auf dem Rückweg befand. Sie selber strebten immer noch singend und tanzend Richtung Westen. Diesmal war auch ihr priesterlicher Begleiter bei ihnen, den ich bei dieser morgendlichen Eucharistiefeier hatte vertreten dürfen.

Endlich erreichte ich Los Arcos, ein hübsches, mittelalterliches Städtchen, bekannt für seine großartige Kirche, in der architektonische Elemente verschiedener Jahrhunderte harmonisch verschmolzen. Zu meinem Erstaunen war kein Mensch auf der Straße. Die enge Hauptgasse glich einer Festung und war auf beiden Seiten regelrecht verbarrikadiert. Es gab keine Möglichkeit, in eine Seitengasse abzuschwenken, da alle abgesperrt waren. Die untersten Türen und Fenster der Häuser waren ebenfalls mit Bretterverschlägen dichtgemacht, ganz so, als ob man einen feindlichen Ansturm erwarten würde. Was mochte der Grund für diese außergewöhnlichen baulichen Maßnahmen sein? Der Weg mündete schließlich auf dem großen Dorfplatz in eine Art Arena, die ebenfalls mit Bretterverschlägen abgesperrt war.

Ich traf einige Jugendliche. Gestikulierend redeten sie wild durcheinander. Ich verstand nur die Worte „toros" (Stiere) und „Pamplona". Jetzt war alles klar. Ich hatte zu ihrem tiefen Bedauern (und zu meiner großen Erleichterung) um genau einen Tag das verpasst, was für sie der absolute Höhepunkt des ganzen Jahres war. Los Arcos verwandelt sich nämlich einmal im Jahr in ein kleines Pamplona mit einem mörderischen Stiertreiben zu Ehren des hl. Fermín, den man, nebenbei gesagt, im Heiligenkalender vergeblich sucht.

Als im Sternzeichen Stier Geborener war mir das beschauliche Durchschreiten der Barrikaden lieber als der Anblick der grölenden Menge und der verstörten Tiere.

Während der Nobelpreisträger Ernest Hemingway sich an diesem Massaker nicht sattsehen konnte, vermerkte Friedrich Nietzsche einmal treffend: „Ich fürchte, die Tiere betrachten den Menschen als ein Wesen ihresgleichen, das aber in höchst gefährlicher Weise den gesunden Tierverstand verloren hat." Ich war also, dem Himmel sei es gedankt, knapp diesem blutigen Spektakel entronnen.

Einige Wochen später, beim Rückweg von Santiago, hatte ich hier in Los Arcos doch noch eine hautnahe Begegnung mit einem „Stier". Nicht mit einem jener muskulösen und aggressiven, die in den engen Gassen hinter den Männern herjagen, sondern mit einem der gemütlichen, gut genährten, ja gemästeten Sorte, deren Kennzeichen ein ausgeprägter Stiernacken ist. Dass wir uns sehr nahe kamen, hatte folgende Bewandtnis.

In der Herberge von Los Arcos, wo ich die Nacht verbrachte, waren im Schlafsaal immer zwei Stockbetten zusammengestellt. Ich bezog das obere Stockwerk einer solchen Konstruktion und hatte die beiden oberen Himmelbetten für mich allein. Das war sehr praktisch, da ich sonst wegen meiner Körperlänge mit den Füßen immer am Bettende anstieß. Hier oben aber konnte ich mich einfach querlegen. Ich war schon am Einschlafen.

Da begann das ganze Bettgestell bedrohlich zu wanken. Ein sehr beleibter Deutscher schickte sich an, zu mir hinaufzuklettern. Mit größter Mühe und nur mithilfe von Kollegen schaffte er schließlich den Weg nach oben. Ich hatte ihn unterwegs noch nie gesehen und bewunderte seinen Mut und sein Durchhaltevermögen, zweifellos war der Weg für ihn mit größten Strapazen verbunden.

Jetzt hatte er immerhin die Herberge erreicht und freute sich mit Recht auf ein Bett und auf den Schlaf, der sich bei ihm sehr schnell einstellte. Nicht so bei mir. Denn schon bald drehte er sich mit hörbarem Ächzen in meine Richtung und bedeckte in der Folge zu einem Viertel auch mein Bett. Das war noch ein zumutbarer Toleranzwert. Zu meiner großen Erleichterung zog er sich nach etwa einer Stunde wieder zur Gänze in sein Revier zurück.

Eine Stunde später aber kam von seiner Seite her die zweite Angriffswelle. Diesmal belegte er die Hälfte meines Bettes, sodass ich mich auf das äußerste Drittel zurückziehen musste, um eine Berührung der Leiber, vor der mir graute, zu verhindern. Nach einer Stunde blies er zum Glück wieder zum Rückzug, wenigstens für eine Weile. Doch beim dritten Mal, als sich die Walze wieder bedrohlich näherte, stieß ich ihm kurz vor dem Crash meinen Ellbogen in die Seite. Der Arme stöhnte laut auf, ohne zu erwachen, und rollte endgültig auf sein Territorium zurück, wo er Gott sei Dank für den Rest der Nacht auch blieb. Das geschah, wie gesagt, auf dem Rückweg von Santiago.

Im Moment befand ich mich auf dem Hinweg. Er führte mich außerhalb des Städtchens am Friedhof vorbei. Über dem Portal war das berühmte Wortspiel zu lesen: „Quod es eram, quod sum eris“: „Was du bist, bin ich gewesen, was ich bin, das wirst du sein.“ Manch einer der Pilger, der im Lauf der Jahrhunderte hier vorbeikam, wird dieses Wort mit auf seinen Weg genommen und in seinem Herzen hin- und herbewegt haben.

Gegen 16.00 Uhr erschien in der Ferne das mit einer gewaltigen Mauer befestigte Viana, eine seit dem 14. Jahrhundert bedeutende Stadt mit prächtigen Patrizierhäusern und Palästen. Aber ich war zu müde für einen Stadtrundgang. Ich fand einen kleinen, schattigen Park, wo ich mich erschöpft auf einer Eisenbank niederließ. Ich hatte Durst und Verlangen nach Schlaf. Und vor allem schmerzten mich die ersten Blasen an den Zehen. Sie hatten sich schon seit längerer Zeit bemerkbar gemacht, aber ich hatte sie hartnäckig ignoriert. Fast überheblich hatte ich noch vor wenigen Tagen einige von Blasen geplagte Pilger überholt, die sich qualvoll vorwärtsschleppten. Das würde mir nie passieren, dachte ich damals. Nun aber gehörte auch ich zur Schar derer, die besorgt ihre nackten Füße begutachteten und an den Blasen herumlaborierten. Die meinen waren aber noch nicht reif für einen Einstich. So blieb ich auf der Bank sitzen und wusste nicht, wie weiter.

Ich legte mich für einen Moment nieder, setzte mich wieder auf, machte ein paar Schritte, setzte mich wieder hin. Am liebsten hätte ich die Augen geschlossen und alles rundum vergessen. Schließlich erhob ich mich und suchte humpelnd die Herberge auf. Dort traf ich gleich beim Eingang einige

Pilger, die alle ihre Füße in den Händen hielten und nach Blasen absuchten. Das war so ein Schock, dass ich mich aufraffte und Viana eilends verließ, um noch vor der Nacht die Stadt Logroño zu erreichen. Der Weg war zwar wegen des vielen Asphalts mühsam, und die Sonne brannte unbarmherzig in mein Gesicht, aber es blieb mir nichts anderes übrig, als auf die Zähne zu beißen. Schließlich führte mich eine hohe Steinbrücke über den Ebro direkt in das Herz der Stadt.

Schon bald war ich vom nervenbetäubenden Lärm des abendlichen Straßenverkehrs umgeben.

Es war Samstag, und ich wollte noch Wein und Brot kaufen für den Fall, dass ich morgen Sonntag die Messe allein feiern müsste. So betrat ich ein Einkaufscenter, um mir Lebensmittel zu besorgen. Wein in einer Flasche kam wegen des Gewichts nicht in Frage. Da entdeckte ich Kartonpackungen mit der Aufschrift „vino de mesa". Ich war ganz erstaunt und erfreut, dass hier stapelweise Messwein zu einem so günstigen Preis zu kaufen war. Der Tropfen allerdings schmeckte abscheulich und war höchstens für Werktagsmessen der untersten Klasse geeignet. Erst später wurde mir klar, dass ich billigsten Tischwein (vino de mesa) und nicht erlesenen Messwein (vino de misa) gekauft hatte!

Endlich konnte ich die letzten Fabrikhallen und Lagerhäuser Logroños hinter mir lassen. Als der Weg etwas anstieg, erblickte ich am Himmel ein Stockentenpaar, das zum Sturzflug ansetzte. Als Hobbyornithologe wusste ich, dass das ein untrügliches Zeichen für ein nahes Gewässer war. Und tatsächlich! Bald lag ein lieblicher, von einem Schilfgürtel umgebener Stausee vor mir. Ich nahm ein erfrischendes Bad, pflegte meine wunden Füße und stellte bei einer kleinen Baumgruppe mein Zelt auf. Doch der Friede schien nur von kurzer Dauer zu sein, denn plötzlich näherte sich ein

Mann mit einem Feldstecher. Ich befand mich in einem Naturschutzgebiet und musste damit rechnen, weggejagt zu werden.

Es war aber nur ein freundlicher Ornithologe aus Logroño, der abends regelmäßig den See besucht, um Enten und Limikolen (Sumpfvögel) zu beobachten. Als Vogelfreunde verstanden wir uns auf Anhieb und tauschten unsere Beobachtungen aus. Es kam uns sehr zustatten, dass die internationalen Bezeichnungen der Vogelarten lateinisch-griechischen Ursprungs sind. Problemlos konnten wir über die Anas platyrhynchos (Stockente), die Larus ridibundus (Lachmöwe) und über den Tringa hypoleucos (Flussuferläufer) fachsimpeln.

Diese Nacht war ich ausnahmsweise nicht allein in meinem Zelt. Ich hatte nämlich nicht verhindern können, dass trotz aller Vorsichtsmaßnahmen ein weibliches Geschöpf mit mir hineingeschlüpft war. Unbemerkt tat sie sich, diese verflixte Stechmücke, während des Schlafs an meinem Blut gütlich, um nachher in der Kraft dieser Speise ihre zahlreichen Eier im Tümpel abzulegen. Immerhin trug ich so meinen bescheidenen Teil dazu bei, dass diese unbeliebte Spezies mit dem coolen Namen Culex pipiens in absehbarer Zukunft nicht aussterben würde.

DAS HEIMWEHKRANKE PFERD

20. Juli

Als ich frühmorgens erwachte, wusste ich im ersten Moment überhaupt nicht mehr, wo ich mich befand. Erst das ungewohnte Geschnatter der Enten erinnerte mich wieder an den gestrigen Abend. Als Erstes nahm ich ein kühles Bad. Der Weg zum See führte allerdings durch dichten Morast, sodass die Füße nachher nicht mehr sauber zu kriegen waren.

In der Nähe meines Nachtlagers war eine einsame, steinerne Bank. Es war Sonntag, und ich wollte mit den ersten Strahlen der aufgehenden Sonne Eucharistie feiern, ganz allein, mitten in der erwachenden Natur. Allerdings fehlte hier so ziemlich alles, was mir damals bei der Messe mit der Jugendgruppe vor Los Arcos noch zur Verfügung stand. Immerhin, das Wesentliche war da: ein Stück Brot und der „vino de mesa". Die nötigen Messtexte kannte ich auswendig. Als Altar diente mir die Steinbank, und aus zwei kleinen Schilfzweigen formte ich ein Kreuz.

Das Korporale (der Untersatz für den Kelch) bestand aus einem ganz besonderen Stück Papier: Als unser Pater Jean-Sébastien in Einsiedeln von meinen Pilgerplänen erfuhr, bat er alle Einsiedler Mitbrüder, mir auf dem gleichen Papier ein paar gute Worte mit auf den Weg zu geben. Ich war gerührt, als er mir bei meiner Abreise diese kleine, federleichte, und doch so gewichtige Kostbarkeit übergab.

Es waren gute Wünsche dabei, die auf Deutsch, Spanisch, Französisch und Lateinisch abgefasst waren. Es wurden mir aber auch Ermahnungen, Bitten und persönliche Anliegen mit auf den Weg gegeben. Da hieß es: „Zähle nicht die Schritte, zähle nicht die Abendmüdigkeit, aber die Schöpfungstage, die zähle!“ Oder: „Möge die Straße dir entgegeneilen, und bis zum Wiedersehen halte Gott dich an seiner Hand.“ Oder: „Der Weg ist das Ziel. Mögest du es erreichen!“ Oder schlicht: „Gedenke meiner!“

Altabt Georg, besorgt um die klösterlichen Finanzen, mahnte: „Aufpassen, dass das Vehikel nicht gestohlen wird!“ P. Lorenz, der sich mit Personaldaten befasst, stellte fest: „Siehe da, eine neue Art Wandervogel: Bist du bei der schweizerischen Vogelwarte schon registriert?“ P. Lukas, der begeisterte Radfahrer, versicherte mir: „Ich bin an deinem Hinterrad!“ Und der Novizenmeister P. Gregor schrieb: „Jakobspilger begegnen oft Wundern, die sie nicht als solche erkennen. Mögest du in die Tiefe blicken können!“

Das war auch mein großer Wunsch bei dieser morgendlichen Eucharistiefeier. Ich wollte jetzt bei dem, was ich tat, in die Tiefe blicken können.

Der See lag völlig ruhig da. Über allem schwebte ein leichter Dunst.

Ich begann den Gottesdienst mit jenem Lied, das in Einsiedeln früh morgens im Chorgebet gesungen wird: „Wachend und betend harren wir des Morgens, stehen im Dunkel, warten auf die Sonne. Christus, den Sieger, will sie uns verkünden, strahlend und herrlich.“ Dann trug der See, gleichsam als Kyrieruf, ein paar Entenlaute zu mir herüber. Die kurze Lesung bestand aus drei markanten Sätzen des Apostels Paulus: „Seid freudige Menschen. Arbeitet beständig an euch. Und der Gott des Friedens wird mit euch sein.“ Im Evangelium lud Jesus alle Mühseligen und Beladenen ein, bei ihm Ruhe zu finden. Das wurde mir an diesem Morgen überreich zuteil, als er in den einfachen Gestalten von Brot und Wein, die beide entblößt auf der Bank lagen wie damals das Kind in der Krippe, mir nahesein wollte.

Eucharistiefeier am See, begleitet von guten Wünschen

Es war kein Ministrant da, kein Kirchenvolk. Aber beim Ruf „Geheimnis des Glaubens“ war es mir, als ob das Schilf und die Weiden, die Stockenten und die Wildtauben, der Himmel und die ersten Sonnenstrahlen, die fast unmerklich den morgendlichen Dunst verdrängten, Antwort gaben.

Bald war Zeit zum Aufbruch. Es hätte ein wunderschöner Morgen sein können, wenn mir neben den Blasen nicht auch noch die kleine Zehe des rechten Fußes immer größere Sorgen bereitet hätte. Bekanntlich unterscheiden sich nicht nur die Gesichter der Menschen voneinander, sondern auch ihre Füße und Zehen. Bei mir z. B. haben – morphologisch vereinfacht ausgedrückt – meine beiden kleinen Zehen von vorne gesehen eher die Form von Linsen als von Bohnen. Und eben eine dieser schmalen Zehen wurde in der rechten Sandale von allen Seiten in den Clinch genommen. Als sie zu ersticken drohte, reagierte sie darauf mit Schwarzfärbung. Ich nahm es wohl zur Kenntnis, aber im Moment hatte ich keine Zeit, auf ihren Farbwechsel näher einzugehen. Ich vertröstete sie auf später.

In der Zwischenzeit hatte sich mir ein junger Spanier angeschlossen, der nun über viele Kilometer zu meinem Begleiter wurde. Wir verstanden uns bestens, auch wenn wir kaum ein Wort miteinander wechselten. Sichtlich genossen wir es, ein Stück des Weges gemeinsam zu gehen beziehungsweise hinken zu dürfen. Denn auch er hatte Probleme mit den Füßen. Seine Bergschuhe, die ihm große Schmerzen verursacht hatten, baumelten arbeitslos an seinem Rucksack. Stattdessen trug er ein paar billige Sandalen, um seinen Zehen wenigstens eine Zeit lang etwas Linderung zu gönnen.

Ein frischer Misthaufen mitten auf dem Weg verriet, dass sich unter den Pilgern auch ein Pferd oder ein Esel befinden musste. Tatsächlich näherten wir uns einem Reiter mit seinem schwer beladenen Gaul. Aber da war nichts von elegantem Trab oder flottem Galopp zu sehen. Nur im Schneckentempo, Schritt für Schritt, kamen die beiden voran. Von der Freude, die das Gesicht eines Jakobspilgers trotz aller Strapazen prägen sollte, fand sich bei dem armen Tier keine Spur. Es ließ den schlaffen Kopf tief hängen. Seine halbgeschlossenen Augen waren traurig auf den Boden gerichtet. Die lästigen Stiche der Blutsauger ertrug es gottergeben wie der heilige Sebastian die Pfeile seiner Peiniger. Ich sprach den reitenden Pilger an und vernahm, dass er in der Nähe von Paris aufgebrochen war. Er selbst war voll motiviert. Aber das Pferd konnte sich mit dem Gedanken an eine Wallfahrt nicht anfreunden. Es wollte jeden Abend in den heimatlichen Stall zurück. Festgebunden an einem Baum, scharrte es die ganze Nacht hindurch, um seinen Frust nonverbal auszudrücken.

Mit allen Mitteln versuchte der Reiter, ihm das Heimweh auszutreiben und es zu einem echten Pilgerpferd umzupolen. Aber vergeblich. In Gedanken rückwärts gewandt, stolperte es lustlos vorwärts. Mittlerweile hatte auch der Reiter seinen Elan verloren. Der Probleme waren zu viele. Die Städte am Weg stellten für das Duo ein echtes Hindernis dar. Es blieb ihnen nichts anderes übrig, als Agglomerationen zu umgehen, was mit einem großen Zeitverlust verbunden war. Zudem musste er für sein Pferd immer wieder Futter und Wasser auftreiben, was oft ein Ding der Unmöglichkeit war. Eine ideale Schlafstelle für dieses ungewohnte Paar fand sich nur selten, und allzu oft schreckten des Nachts streunende Hunde das dösende Tier auf. Jedenfalls, so sagte der desillusionierte Jakobusjünger, würde er kein zweites Mal mit einem Pferd nach Santiago aufbrechen. Er tat uns richtig leid. Mein Kollege und ich überholten ihn, und wir waren beide froh, dass wir auf den eigenen Füßen unterwegs sein durften, auch wenn uns diese im Moment schmerzten.

Wir kamen gegen 14.00 Uhr in Nájera an und trennten uns. Ich kaufte etwas zu essen und betrat durch ein Gittertor einen großen, verlassenen Schulkomplex. Es war Ferienzeit. Ich wollte hier ungestört und geschützt vor neugierigen Blicken meine Füße, besonders meine kleine, rebellische Zehe, etwas näher unter die Lupe nehmen. Sie kauerte da wie ein schwarzes Schaf inmitten einer Herde weißer. Ich hatte früher einmal in einer Alpenklubhütte das Foto eines Bergsteigers gesehen, dessen Zehen erfroren waren. Sie hatten sich zuerst schwarz verfärbt und waren später einfach vom Fuß abgefallen. Sollte dieses Schicksal auch meine kleine Zehe ereilen, hier im fernen Spanien?

Das Pferd konnte sich nicht für die Wallfahrt nach Santiago begeistern.

Ratlos und etwas fröstelnd legte ich mich der Länge nach auf eine Bank und schloss die Augen. Ich hatte keine Lust, hierzubleiben, war aber auch nicht motiviert, auch nur einen Schritt weiter zu gehen. Die Blasen waren jetzt „reif", um aufgestochen zu werden, aber es fehlte mir eine Nadel. So erhob ich mich mühsam von der Bank, schleppte mich in die Stadt und suchte auf dem Gehsteig nach einem spitzen Gegenstand. Aber ausgerechnet jetzt war nichts Brauchbares zu finden.

Als ich an einer schweren Tür vorbeikam, die wie eine Kirchenpforte aussah, trat ich ein. Ich befand mich plötzlich in einer dunklen, kühlen Krypta. Ich sah mich aufmerksam um, im hinteren Teil war, durch ein Gitter getrennt, das Allerheiligste ausgesetzt, Gottes Gegenwart mitten im Alltag, einfach so. Ich wäre gerne etwas länger hier beim Lieben Gott geblieben, aber sogleich machten meine Zehen, die sich für einen Moment vom kalten Boden der Kirche hatten betäuben lassen, wieder auf sich aufmerksam. So ging ich wieder auf die Straße hinaus. Unschlüssig betrat ich den Laden eines Gemischtwarenhändlers. Er bot mir ein ganzes Nadelset an, konnte sich aber nicht durchringen, mir nur eine einzelne zu verkaufen. In meiner Not beschloss ich, die Pilgerherberge aufzusuchen und dort um Hilfe zu bitten.

Schon beim Empfang lachten mich zwei nette, junge Damen an. Gleich nach meinen ersten Worten verschwanden sie, um mit einem großen Sanitätskoffer zurückzukehren. Sie ließen mich auf einer Bank Platz nehmen und begutachteten die kranke Zehe von allen Seiten. Dann ging es ruckzuck. Es wurde desinfiziert, gestochen, geschnitten, gedrückt, verbunden, geklebt, geschwatzt und gelacht. Mit Wonne ließ ich alles über mich ergehen und genoss es, einfach dazuliegen und mich von zwei Damen pflegen zu lassen. Sie kicherten ununterbrochen. Vermutlich hatten sie noch nie so lange Füße gesehen. Das Resultat ihrer Bemühungen war nach der „Operation" leider nicht sichtbar, denn der Berg der Pflaster und Binden gewährte keinen Einblick mehr in das Innenleben meiner lädierten Zehenwelt. Es war kein Leichtes, mit diesem Bandagenpaket in die Sandalen zu schlüpfen. Die beiden wollten keinen Cent für ihre Dienste. Sie meinten, ich könne ja morgen, beim Abschied, etwas in die Herbergskasse legen.

Ich dachte nicht im Geringsten daran, hier zu übernachten. Der Abend war zwar nicht mehr fern, aber ich hatte unbändige Lust, noch ein paar Kilometer anzuhängen. Ich fühlte mich frisch wie ein Baby nach dem Windelwechsel. So legte ich einen Obolus in die Kasse und machte mich in einem unbewachten Augenblick aus dem Staub, denn meine Ambulanz hätte wohl alles darangesetzt, mich über Nacht hier festzuhalten.

Nun befand ich mich wieder auf meinem geliebten Camino. Es ging zuerst ein Wäldchen hinauf. Ich hinkte zwar noch ein wenig, aber die Schmerzen waren erträglich. Das Verbandmaterial hielt ganz ordentlich. Langsam öffnete sich die Landschaft. Der staubige Weg wand sich, eingesäumt von Brombeer- und Dornengestrüpp, an Stoppelfeldern und Rebbergen vorbei. Ich hatte Hunger. Aber mit den Brombeeren ließ sich dieser nicht stillen. Sie hatten einen bitteren Beigeschmack. Zudem waren sie mit einer feinen Staubschicht bedeckt, was sich beim Kauen mit deutlichem Zähneknirschen bemerkbar machte.

Der Abend brach herein. Unmerklich hatte sich ein kühler Wind erhoben. Weit und breit war kein Mensch mehr zu sehen, kein Dorf auszumachen, kein Platz für mein Zelt zu finden.

Doch dann, mitten auf dem Weg, erschien eine ganze Familie: Vater, Mutter und acht Kinder im Teenageralter, d. h. halb flügge und doch noch von den Eltern abhängig. Sie fühlten sich offensichtlich von mir verfolgt. Wie die Wilden trippelten sie vor mir her, Richtung Westen wie ich. Da es der Rebhuhnfamilie nicht gelang, mich abzuschütteln, besprachen sich die beiden Elternteile kurz miteinander und änderten ihre Taktik. Mit einem Schlag erhob sich die Mutter mit ihren acht Kindern und flatterte über das Dornengestrüpp in ein weites Getreidefeld hinein. Der Papa verringerte den Abstand zu mir, um meine Aufmerksamkeit auf sich zu ziehen. Er ließ einen Flügel träge seitwärts hängen, als ob er verletzt wäre. Hinkend schleppte er sich vor mir her, seine Theaterrolle perfekt spielend. Mal verringerte er den Abstand zu mir, mal vergrößerte er ihn. Dann aber, als er den Rest seiner Familie in Sicherheit wähnte, sprang er plötzlich hoch und flog, ein paar spöttische Rufe an meine Adresse richtend, zu seiner Familie zurück.

Der hereinbrechende Abend und der Wind zwangen mich, schneller zu laufen, um noch irgendwo unterzukommen. Endlich erschien in der Ferne eine hohe Umzäunung. Ich traute meinen Augen nicht: Es war ein riesiger Golfplatz, noch in der Bauphase. Ein Teil war bereits fertiggestellt. Satte, grüne Wiesen lagen da, so weit das Auge reichte. In ihrer Mitte erhob sich ein luxuriöses Klubhaus. Eigentlich ein idealer Platz zum Zelten. Aber es gab kein Durchkommen. Eine meterhohe Absperrung hielt jeden ungebetenen Gast ab. Das übrige Terrain war wenig einladend. Gewaltige Erdbewegungen hatten die Landschaft zur Geröllwüste gemacht.

Der Camino verlor sich im Chaos. Keine Markierung mehr. Nur die Abendröte, deren letztes Licht sich an ein paar Restwolken festklammerte, zeigte die Richtung nach Santiago. Es ging vorerst querfeldein über Stock und Stein. Aber dann kündigte sich die Erlösung an. Eine halb verfallene Kapelle erschien am Horizont. Auf ihrer windgeschützten Seite war ein kleiner, ebener Platz. Ich konnte mein Glück kaum fassen. Gewiss, ich hätte mich gerne etwas gewaschen, denn ein kalter Schweiß umhüllte den ganzen Körper und bedeckte ihn mit einer klammen Gänsehaut. Aber ich hatte kein Wasser mehr in meiner Flasche, und einen Brunnen musste man hier gar nicht erst suchen.

Vor der Kapelle stand eine alte, verwitterte Steinbank. Als ich meine Wanderstöcke dort ablegte, bemerkte ich zu meinem Erstaunen, dass sie ganz warm war. Die Sonnenstrahlen eines ganzen Tages waren hier eingefangen und gespeichert. So zog ich mich aus und legte mich, mal auf dem Rücken, mal auf dem Bauch, auf diesen spanischen Naturofen. Mein

Körper sog die wundersame Wärme, die aus einer anderen Welt zu kommen schien, mit allen Fasern in sich auf. Dann wechselte ich die Kleider und schlüpfte glücklich in mein Zelt. Das Abendgebet dauerte nicht lange, nur bis zum zweiten Vers des nächtlichen Hymnus, wo es heißt: „Hüllt Schlaf die müden Glieder ein, lass uns in dir geborgen sein.“

Das windgeschützte Nachtlager

DER SCHWEIGSAME GEFÄHRTE

21. Juli

Im Schutz der baufälligen Kapelle verbrachte ich eine sorglose, windgeschützte Nacht. In der Morgenröte warf ich einen kurzen Blick aus dem Zelt. Alles lag still und harmonisch da, wie am siebten Schöpfungstag. Kein Lüftchen regte sich, kein Wölkchen trübte das Firmament.

Doch ich hatte weder Speis noch Trank bei mir, und so blieb mir nichts anderes übrig, als ohne Frühstück aufzubrechen. Die ersten Sonnenstrahlen wärmten meinen Rücken und projizierten einen langbeinigen, dünnen Schatten vor mir her, der den Figuren Alberto Giacomettis zur Ehre gereicht wäre. Nur jetzt war es so, früh am Morgen. Denn im Gegensatz zu den starren Figuren des Bündner Künstlers war mein Schatten dem veränderlichen Lauf der Sonne unterworfen. Gegen Mittag, wenn die Sonne am höchsten stand, wurde er zu einem dicken, untersetzten Zwerg, der schön im Gleichschritt neben mir hertrottete. Mit sinkender Sonne wechselte er wieder seine Position und lief jetzt hinter mir her, wobei er immer länger und dünner wurde, bis er sich mit dem Verschwinden der letzten Sonnenstrahlen wortlos auflöste.

Die Weite des Himmels wetteiferte mit der Weite der Felder, die sich vor mir öffneten. Es ging leicht und stetig abwärts, in Richtung Santo Domingo de la Calzada, das noch ganz verschlafen in einer Senke ruhte. Aus der Ferne präsentierte sich das Städtchen, von abgeernteten Getreidefeldern umgeben, wie eine Oase. Der einzige Bewohner, der sich nie zum Schlaf hinlegte, war der mächtige Kirchturm, an den sich die alten Häuser eng schmiegten wie die Küken an die Glucke.

Mein Schatten, der stumme Begleiter, mit ständig wechselnder Position

Dass Santo Domingo es auch mit richtigen Hühnern zu tun hat, dürfte jedem vertraut sein, der sich mit dem Pilgerweg befasst. Denn aufgrund einer Legende beherbergt die altehrwürdige Kirche seit Jahrhunderten einen stolzen Hahn und eine devote Henne. Als ehemaliger Besitzer von Zwerghühnern, die jahrelang im Einsiedler Klostergarten nach Belieben scharren und gackern durften, war ich natürlich besonders gespannt auf jenes schneeweiße Gockelpaar, das die Kathedrale von Santo Domingo, seit dem Mittelalter und mit päpstlicher Erlaubnis in einen ekklesialen Hühnerstall verwandelt. Meine Begeisterung hielt sich allerdings in Grenzen, denn betreten durfte man nur den kleinen Vorraum der Kirche. Und von da aus ließ sich der „Gallinero" nur mit Mühe ausfindig machen. Es handelt sich dabei um einen erhöhten Logenplatz, wo sich hinter einem Rokokogitter ein Hahn und ein Huhn wie zwei Strafgefangene langweilen und von fetten Regenwürmern und einladenden Miststöcken träumen. Allerdings ist das Gotteshaus für sie heutzutage nicht mehr Arrestzelle auf Lebenszeit, denn sie werden alle drei Wochen ausgewechselt und dürfen dann das kirchliche Leben wieder mit dem weltlichen vertauschen.

Diese beiden ungewöhnlichen Kathedralenbewohner erinnern an jene Legende, die Santo Domingo berühmt gemacht hat. So berühmt, dass bald auch andere Städte wie Utrecht oder Toulouse das Entstehungsrecht der frommen Geschichte für sich reklamierten. Selbst das Dorf Tafers in der Schweiz illustriert an der Wand seiner Friedhofskapelle die Geschehnisse von damals, für welche der berühmte Pilger Hermann Künig von Vach (1495) die Hand ins Feuer legt: „Ich weiß furwar das es nicht ist erlogen, dan ich selber hab gesehen das loch da uss eyns dem andern nach floch und den hert da uff sye synt gebraten."

Was war geschehen? Ein junger Mann, so erzählt die Legende, pilgerte mit seinen Eltern nach Santiago. In einem Gasthaus hatte eine Magd ein Auge auf ihn geworfen, doch er ignorierte sie. In der Folge rächte sie sich an ihm, indem sie einen Silberbecher in sein Gepäck steckte. Am anderen Tag des Diebstahls überführt, wurde der junge Mann festgenommen und gehängt. Einige Zeit später kamen seine Eltern zum Galgen und sahen, dass ihr Sohn noch lebte. Sie verständigten den Richter, der soeben am Mittagstisch Platz genommen hatte. Ungläubig rief er aus: „Eher werden diese Hähnchen, die da in der Pfanne schmoren, wieder lebendig, als dass jener junge Mann noch lebt." Im gleichen Augenblick aber flatterte das gebratene Hühnervolk auf und davon. So begründete es den unsterblichen Ruf von Santo Domingo de la Calzada.

Nun trug mich eine mächtige Brücke über den im Sommer versiegten Fluss Oja, der als „Rio Oja" der dortigen Provinz und ihrem Wein den Namen gab. Der Weg führte mich zufällig an einem Hühnergehege vorbei, in welchem ein mächtiger weißer Hahn mit solch klerikalem Gehabe herumstolzierte, dass er mindestens drei Wochen im „Gallinero" verbracht haben musste und nun der Meinung war, das allein schon befördere ihn zum Monsignore. Mit etwas Brot und einigen freundlichen Worten versuchte ich, seine Aufmerksamkeit auf mich zu lenken, aber vergeblich. Der stolze Spaniergockel würdigte mich armen Schweizerpilger keines Blickes. Leicht genervt warf ich die restlichen Brotstücke ins Gehege und rief ihm zu: „Wänn nöd wotsch, häsch gha (Wenn du nicht magst, dann lass es!") Als ich beim Weitergehen verstohlen zurückblickte, hatte sich der Hahn doch noch herabgelassen, meine milde Gabe kritisch zu beurteilen. Und er befand sie für so gut, dass er in der Folge seinen ganzen Harem herbeilockte.

Streng genommen musste ich ihm ja für sein Verhalten dankbar sein, denn er hatte bewirkt, dass ich wenigstens für einen Augenblick die schmerzende Zehe vergessen konnte. Doch jetzt tat sie wieder weh. Eingeklemmt zwischen ihren Nachbarinnen, der zweitkleinsten Zehe und dem ledernen Innenrand der Sandalen, rang sie verzweifelt nach Luft. Im Moment hieß es: Auf die Zähne beißen und durch!

Nahtlos reihte sich Kilometer an Kilometer. Für lange Zeit berührten die Sohlen nur harten, trostlosen Asphalt. Ich kam mir vor wie ein Lastesel, der stumpf vor sich herschaut und einfach drauflostrottet, seinem Schicksal ergeben. Auf diesem Abschnitt erinnerte nichts an den romantischen Jakobsweg, wie er in den farbigen Bildbänden zu bewundern war.

Um 15.00 Uhr schließlich war meine Leidenszeit vorbei. Ich hatte zwar nur 23 Kilometer zurückgelegt. Aber ich war endlich in Belorado. Dieser Name hatte für mich von Anfang an einen besonderen Klang. Ursprünglich wollte ich hier meine Fußwallfahrt beginnen, nicht schon in Puente la Reina. Ich wusste nämlich, dass die Herberge hier von Schweizern betreut wurde, und so freute ich mich auf die Begegnung mit Landsleuten. Ich wurde von Doris und Daniel denn auch aufs Herzlichste willkommen geheißen. Für zwei Wochen waren sie hierher gezogen und sorgten für die vorbeiziehenden Pilger, wobei Doris im fünften Monat schwanger war und sich etwas schonen musste. Als ich eintraf, waren sie mitten in der Arbeit. Doch ein Landsmann kommt nicht jeden Tag vorbei, und so wurde gleich ein Termin für einen abendlichen Jass festgelegt. In der Herberge, einer alten, umgebauten Garage, legte ich meinen Rucksack auf ein Bett und signalisierte derart meinen Besitzanspruch. Dann schleppte ich mich hinkend ins Städtchen.

Ich fand ein „Centro Médico“, das allerdings nur Notfälle aufnahm. Kurzerhand erklärte ich mich zum Notfall und trat ein. Ein liebenswürdiger junger Arzt nahm sich meiner an. Als er hörte, dass ich als Pilger unterwegs war, entwickelte sich ein vertrauliches Gespräch, wobei er mir auch von seiner Frau und seinen kleinen Söhnen erzählte. Er untersuchte, was von der Zehe noch übrig war. Abschließend meinte er, es sehe zwar nicht besonders schön aus, aber es führe auch nicht zum sofortigen Tod. Das beruhigte mich. Zu meiner Verwunderung riet er mir, nichts anderes zu tun als das gesamte Verbandsmaterial, das mir meine beiden verehrten Samariterinnen von Nájera verpasst hatten, wegzuwerfen und ganz einfach barfuß in die Sandalen zu schlüpfen. Auf die Frage nach dem Honorar winkte er ab. Von einem Pilger verlange er nichts.

Wieder auf der Straße, entledigte ich mich also meiner Binden wie einst Lazarus, als er aus dem Grabe trat. Ganz wohl war mir nicht dabei. Meine innere Stimme riet mir, wenigstens eine Schuheinlage zu kaufen, um das Niveau des Fußes etwas anzuheben und so die Druckstelle zu verlagern. Der Schuhladen des Ortes hatte nur weiche, dünne Antigeruchssohlen. Fürs Erste musste das genügen.

Erleichtert und guter Dinge kehrte ich zu meinen Schweizer Freunden in die Herberge zurück. Vor der angesagten Jasspartie begaben wir uns zur benachbarten Kirche, wo ein schlichter Gottesdienst stattfand. Um 20.00 Uhr segnete der Priester alle anwesenden Pilger in ihrer Muttersprache und gab ihnen für den nächsten Tag Gottes Segen mit auf den Weg.

Nachher gingen wir essen, und es gab viel zu erzählen. Darüber vergaßen wir sogar die Jasspartie, was für Schweizer eher untypisch ist. Als Letzter kehrte ich zur Herberge zurück und tastete mich zu meinem Bett vor. Ich hatte schon gelernt, vor dem Ausgang alles so herzurichten, dass es selbst bei später Heimkehr möglich war, geräuschlos ohne Licht in den Schlafsack zu schlüpfen. Doch beim Hinaufsteigen zu meiner Liege entstand ein bedrohliches Schwanken der Bettstatt, was bei den beiden Pilgern im unteren Bereich ein paar gutturale Töne des Missfallens hervorrief, während mich die Pilgerin, die zu meiner Linken schlief, mit einigen nasalen Tönen empfing.

Meine beiden Schweizer Freunde, die den ganzen Tag in der Herberge gearbeitet hatten, zogen sich in ein angrenzendes Haus zurück. Es stand ihnen zwar nur eine winzige, kaum möblierte Kammer zur Verfügung, aber sie hatten hier immerhin etwas Privatsphäre. Ich bewunderte sie. Statt irgendwo an der Costa Smeralda zu baden, opferten sie zwei Ferienwochen, um ehrenamtlich eine Pilgerherberge zu betreuen.

Sie hatten ein strenges Tagewerk zu leisten: Schon um 5.00 Uhr früh mussten die Pilger geweckt werden. Dann ging es los. In der improvisierten Küche wird gekocht, gegessen, geflickt, verbunden, gepackt, gefragt, reklamiert, gedankt, gesucht, geschrieben, gelacht und umarmt. Um 8.00 Uhr müssen dann alle Pilger die Herberge verlassen. Nun wird sie abgeschlossen, und es geht ans Putzen. Die Tische müssen abgeräumt und das Geschirr versorgt werden. Die Duschen und Toiletten sind eng und altmodisch, sodass man sie nur mit Mühe säubern kann und Rückenschmerzen davon bekommt. Dann wird der große Schlafsaal kontrolliert und gereinigt. Überall liegen Dinge herum: Vergessenes, Defektes, Müll.

Um 12.00 Uhr muss alles beendet sein, damit noch etwas Zeit zum Essen und Ausruhen bleibt. Denn schon stauen sich die Rucksäcke der Neuankömmlinge vor der Tür. Müde warten sie auf die Öffnung der Herberge. Kaum knarrt das

Schloss, da ergießt sich eine neue Welle erschöpfter Pilger ins Haus und überflutet alles. Dann stehen Doris und Daniel bereit. Sie sind Auskunfts- und Fundbüro, Krankenschwestern, Psychologen, Schlichter, Hotelmanager, Putzequipe, Seelsorger, Übersetzer und Wegweiser.

Auf die Frage, warum sie in den Ferien einen solchen Stress auf sich nehmen, sagen sie bloß, sie hätten sich auf dem Camino kennengelernt. Der gemeinsame Weg war für sie so eindrücklich und die Gastfreundschaft in den Herbergen so überwältigend, dass sie beschlossen hätten, aus Dankbarkeit selber eine solche Herberge zu betreuen. Dieses Jahr jedoch würde es vorläufig das letzte Mal sein, schmunzelt Doris und zeigte auf ihren Bauch. Ob der Kleine wohl Jakobus heißen wird?

IN DER SIBIRISCHEN STEPPE

22. Juli

Am Horizont machte sich die rosenfingrige Morgenröte noch kaum bemerkbar, als jäh der Weckruf ertönte. Es begann ein Dehnen und Strecken, ein Seufzen und Gähnen, ein Augenreiben oder ein ungläubiges, bewegungsloses Starren an die Decke.

Schließlich rafften alle ihre Sachen zusammen und schlenderten schlaftrunken in den Gemeinschaftsraum, wo jeder nach seinem Belieben frühstückte. Um 6.00 Uhr umarmte ich meine Schweizer Landsleute und verließ die Herberge, wo ich für kurze Zeit gute Freunde und ein Stück Heimat gefunden hatte.

Nun ging es Richtung Burgos, der mächtigen, geschichtsträchtigen und an Kunstschätzen überreichen Stadt. Ich hatte allerdings keine Ahnung, wie weit ich es heute mit meiner immer noch lädierten Zehe schaffen würde.

Bis Villafranca glich das Ganze eher einem Morgenspaziergang. Ich begegnete einem Elternpaar mit seinem etwa zehnjährigen Sohn. Die schwer beladenen Eltern waren zu Fuß unterwegs, während der Bub auf einem kleinen Mountainbike saß. Er fuhr etwas voraus, kam wieder zu den Eltern zurück, umrundete sie und radelte wieder davon wie ein Hund, den man von der Leine gelassen hat und der sich immer wieder vergewissern will, ob sein Herrchen ihm auch wirklich folgt.

Bald stieg der Weg steil an und führte schließlich zur Hochebene der Montes de Oca. Wegen der undurchdringlichen Wälder, dem rauen Klima und der Anwesenheit von Raubtieren und Räuberbanden war dieses Teilstück des Camino früher gefürchtet. Mich faszinierte diese melancholische Landschaft. So stellte ich mir die sibirische Tundra vor. Es gab Tannengehölz so weit das Auge reichte, dazwischen steppenähnliches Gelände mit Heidekraut und anderen kälte- und windresistenten Pflanzen. Plötzlich tauchte, völlig unpassend, eine Autostraße auf, die sich in diese unberührte Wildnis verirrt hatte. Immerhin bemerkte sie ihren Irrtum bald und zog sich, fast beschämt, wieder zurück.

Man kann sich leicht vorstellen, was es für den Pilger des Mittelalters bedeutete, wenn er auf diesem gefährlichen Abschnitt ganz unverhofft eine Lichtung betrat und auf eine wunderschöne Kirche samt Herberge stieß. Der legendäre San Juan de Ortega hatte sich durch dieses Gestrüpp („ortega" bedeutet Brennnessel) einen Weg gebahnt und hier eine kleine Mönchsgemeinschaft gegründet, die sich der Pilger annahm.

Angezogen durch den Ruf seiner Heiligkeit, suchte im Jahre 1477 auch Isabella die Katholische San Juan de Ortega auf, da sie bis dahin kinderlos geblieben war. Und sie wurde erhört. Aus Dankbarkeit ließ sie die prächtige Kirche errichten, in deren Mitte der Heilige in einem imposanten Sarkophag ruht. Ein Kapitell, das die Verkündigungsszene darstellt, wurde derart gestaltet, dass am Sonnwendtag die Strahlen der Sonne genau auf den Schoß Mariens fallen, um das Wunder der Menschwerdung – und die Erhörung Isabellas – zu illustrieren.

Am liebsten wäre ich zum Übernachten hiergeblieben, an dieser Stätte des Friedens. Aber es war noch zu früh für das Nachtlager. So setzte ich mich an einen Brunnen, um etwas auszuruhen und mich für den weiteren Weg zu stärken. Nach einer Weile tauchte ein verängstigter, völlig verwahrloster Hund auf, den ich mit viel Geduld davon überzeugen konnte, dass er von mir keine Schläge zu erwarten hatte. Schließlich fasste er Vertrauen und wagte sich bis an den Brunnenrand, um etwas Wasser zu trinken. Zögernd näherte er sich den Bissen, die ich ihm zuwarf, und verschlang sie gierig. Er sah erbärmlich aus, übersät von Ungeziefer und offenen Wunden. Der Blick aus seinen Augen war ein Gemisch aus Dankbarkeit und Angst, Treuherzigkeit und Misstrauen. Er begleitete mich nachher noch ein Stück des Weges, in gebührendem Abstand hinter mir hertrottend. Dann aber wurde es ihm zu viel. Er legte sich müde hin und schaute mir noch lange nach.

Die Landschaft veränderte sich nun spürbar. Die Wälder und Heiden wichen immer mehr offenen Feldern. Die gewohnten Rebberge waren ganz verschwunden. Es gab auch keine Kühe und Schafe mehr zu sehen. Da wurde mir plötzlich bewusst, dass man auf den Hunderten von Kilometern die unterschiedlichsten Vegetationsstufen und Landschaftstypen durchwandert.

Gegen Abend tauchte in der Ferne das Häusermeer von Burgos auf. Nun gab es kein Zögern mehr. Trotz aller Müdigkeit wollte ich unbedingt noch in die Stadt gelangen.

In einem Vorort fand sich ein kleiner Park mit einem Brunnen. Dort saß ein Pilger und ruhte sich aus. Erst wollte ich nur etwas Wasser trinken und schnell weiterziehen. Er aber schaute mich mit einer solch gewinnenden Freundlichkeit an, dass ich den Rucksack auf den Boden legte und mich zu ihm setzte. Er hieß Javier und war 35 Jahre alt, ein Spanier aus der Estremadura. Als ausgebildeter Psychologe nahm er sich in Madrid jener Nordafrikaner an, die in der Hoffnung auf ein besseres Leben irgendwo in Spanien strandeten, im wörtlichen und übertragenen Sinn. Er hatte große Schmerzen an den Füßen und kam nicht mehr weiter. Wir verstanden uns auf Anhieb, als ob wir alte Freunde wären. Es gab beiderseits viel zu erzählen. Im Lauf des Gesprächs erfuhr ich, dass die Pilgerherberge erst am anderen Ende der Stadt zu finden war, etwa zwei Stunden entfernt. Er selber wollte sich nur noch ein Stück weit an den Rand der Stadt schleppen. Wir verabschiedeten uns herzlich im Wissen, dass wir uns nie mehr sehen würden. Der liebe Gott, das war unsere Überzeugung, hatte es so gefügt, dass wir uns hier kurz kennenlernen durften.

Zum Glück ahnte ich nicht, was noch auf mich wartete: eine endlose, abtötende, schnurgerade Straße. Ein Trottoir aus harten, gebrannten Platten. Links ein nicht enden wollender hoher Zaun, der Fabrikgebäude absicherte. Rechts eine unaufhaltsame Flut von stinkenden Autos und Lastwagen. Und im Gesicht die untergehende, immer noch brennende Sonne.

1½ Stunden lang führte die Straße durch eintönige Vororte, bis endlich eine Ortstafel die Stadt ankündigte. Hier bewegte ich mich wie ein Wesen aus einer anderen Welt. An einer Stelle führten die gelben Pfeilmarkierungen mitten über eine mehrspurige Straße, ohne dass man als Fußgänger irgendwie geschützt gewesen wäre. Es gab da nichts anderes, als sich mit dem schweren Rucksack und den müden Beinen ins Verkehrsgewirr hineinzuwagen und um sein Leben zu rennen.

Von der berühmten Kathedrale war lange Zeit nichts zu sehen. Als sie dann aber ganz langsam aus dem Häusergewirr herausguckte – zuerst waren nur ein paar Turmspitzen zu sehen, die von den letzten Sonnenstrahlen in die Farbe des Getreides eingetaucht wurden – da musste ich stehen bleiben, schauen und staunen. Im ersten Moment erschien mir die Kathedrale weniger als menschliches Kunstwerk, denn als natürliche Fortsetzung der zahllosen Weizenfelder mit ihren spitzen Ähren, die ich Tag für Tag zur Linken und Rechten bewundert hatte. Gewiss, sie ragte höher heraus als die Halme, aber dafür konnte sie sich im Abendwind auch nicht so sanft hin- und herwiegen wie ein Getreidefeld.

Zu dieser Abendstunde war es nicht mehr möglich, die Kathedrale zu betreten. Aber das störte mich nicht. Man trampelt ja auch nicht einfach in ein Getreidefeld, sagte ich mir. Man bleibt vielmehr betroffen davor stehen und nimmt die wunderbaren Formen und Farben achtsam in sich auf. (Die kunstgeschichtlich versierten Leserinnen und Leser mögen diese sonderbaren Reflexionen eines müden Jakobspilgers angesichts eines Kulturerbes von Weltrang mit Nachsicht behandeln.)

Um 21.30 Uhr stand ich endlich vor der Herberge. Sie lag wie ein Ferienhaus da, inmitten einer großzügigen Parkanlage. Trotz später Stunde wurde ich freundlich aufgenommen. Das Übernachten kostete drei Euro, aber ich gab dem Hospitalero deren zehn aus lauter Dankbarkeit, dass ich an diesem Abend ein Bett mein eigen nennen durfte. Das Trinkgeld brachte es mit sich, dass ich in der Folge sehr bevorzugt behandelt wurde. Er brachte mir einen Espresso und machte jedes Mal einen Knicks, wenn er mir begegnete.

Der Schlafsaal war schon ziemlich voll. Ich wählte eine Matratze in der oberen Etage und schlief bald darauf ein. Doch mitten in der Nacht musste ich auf die Toilette. Alles lag in tiefer Ruhe, kein Laut war zu hören. Ich setzte mich auf, stützte mich mit den Händen ab und rutschte langsam Richtung Boden. Schneller als vorgesehen berührte mein rechter Fuß eine weiche, etwas wacklige Unterlage, die zu meinem großen Schrecken nachgab. Es war der Rücken einer Dame, die wohl in der gleichen Absicht aufgestanden war wie ich und im Dunkeln ihre Schuhe zu binden versuchte. Sie stieß einen kleinen Schrei aus. Ich murmelte irgendeine Entschuldigung und war dankbar, dass die Schwärze der Nacht die Röte meines Gesichtes verbarg.

Am nächsten Tag, bereits 20 Kilometer hinter Burgos, lächelte mich eine unbekannte Französin an und sagte: „Hallo, ich lebe noch!“ Zunächst verstand ich nicht, was sie meinte. Aber dann war klar: Ich schaute jener Dame ins Gesicht, deren Rücken mir in der Nacht als Fußschemel gedient hatte.

DIE UNENDLICHKEIT DES HIMMELS

23. Juli

So gut es mir in dieser Herberge auch gefiel: Ich wollte in aller Frühe aufbrechen. Der Hospitalero brachte mir wiederum einen Kaffee. Dann war alles zum Abmarsch bereit. Aber es sollte nicht sein. Auf der Suche nach meinen nassen Wäschestücken, die ich am Vorabend einer überladenen Leine anvertraut hatte, traf ich einen fidelen Tiroler. Er wusste auch nicht mehr so recht, welche von den Klamotten ihm gehörten. In der Folge entwickelte sich ein lebhaftes Gespräch, das wir vor der Herberge auf einer Bank fortsetzten. Er war mit seiner Freundin unterwegs, die in einem kleinen Zelt schlief. Von der Anstrengung des Vortages erschöpft, hatte sie sich noch nicht blicken lassen. So zog sich unser Gespräch in die Länge. Er erzählte mir von seinem bewegten Studentenleben. Er hatte mit Psychologie begonnen, fand dann Gefallen an der Biologie, um schließlich auf Philosophie und Mathematik umzusteigen.

Wir hätten noch lange über Gott und die Welt reden können, aber um 8.30 Uhr war es für mich höchste Zeit, Burgos zu verlassen, um mich wieder von der Unendlichkeit des Himmels, der Weite der Felder und der Monotonie meiner Schritte anzuvertrauen. Noch bevor ich die letzten Häuser der Stadt erreichte, überholte ich einen arg humpelnden Pilger. Als ich ihn anschaute, erkannte ich sofort: Es war Javier. Wir hatten uns gestern verabschiedet in der Meinung, einander erst in der Ewigkeit wiederzusehen. Und jetzt das! Trotz seiner Beschwerden hatte er sich gestern noch bis zur Herberge geschleppt, wo er erst nach Mitternacht ankam. Der Hospitalero hatte sich seiner erbarmt und ihn doch noch hereingelassen.

Wir wiederholten unser Versprechen, in Santiago füreinander zu beten. Ein letzter Abschiedsgruß, und ich zog in gewohnter Weise, d. h. die ganze Länge meiner langen Beine ausnützend, davon. Er begnügte sich mit kleinen Schritten, um seine Füße zu schonen.

An diesem Tag verzichtete ich auf die gewohnte Siesta. So erreichte ich nach 38 Kilometern Castrojeriz, ein hübsches Städtchen, das in seinen Ursprüngen aus westgotischer Zeit stammt. Es wird von einer mächtigen Burgruine beherrscht und nennt mehrere Kirchen sein eigen. Der Pilger trifft zuerst auf die Stiftskirche Virgen del Manzano, die er schon von Weitem erblickt. Ich freute mich auf den Besuch dieses Gotteshauses. Es gibt auf dem Jakobsweg nichts Schöneres, als eine alte, dunkle, kühle Kirche zu betreten. Man setzt sich hin und lässt los. Man hält sein Herz der Stille hin und nimmt die Atmosphäre des Raumes in sich auf, der getränkt ist von den Gebeten unzähliger Pilger.

Umso größer war meine Enttäuschung, als mich bei der Kirchentüre eine Kassiererin erwartete und für das Betreten der Kirche zwei Euro verlangte, weil die Kirche im Moment eine Ausstellung beherberge. Ich wolle nur kurz beten, erwiderte ich. Aber sie blieb stur und ließ mich nicht hinein.

Am Ende der Ortschaft fand ich eine kleine, gediegene Privatherberge. Es war das Reich einer zwar liebenswürdigen, aber auch resoluten Dame. Die an der Eingangstür befestigten Einlassbedingungen waren klipp und klar: keine Hunde, keine Katzen, keine Ratten, keine Zigaretten, kein Handy. Nichts davon war davon in meinem Rucksack und so konnte ich guten Gewissens über die Schwelle treten.

Der Abend ließ lange auf sich warten. So hatte ich Zeit, meinen Verwandten, Bekannten und Wohltätern ein paar Karten zu schreiben. Ich zog mich in den romantischen Garten der Herberge zurück, wo alte Mauern noch die Wärme des Tages gespeichert hatten. Die letzten Sonnenstrahlen und ein sanfter Abendwind halfen mit, meine noch tropfende Wäsche zu trocknen.

Als die Nacht hereinbrach, gesellte sich ein über 70-jähriger US-Amerikaner mit seinem 20-jährigen Enkel zu mir. Der Opa hatte im Internet vom Jakobsweg gelesen und war sogleich Feuer und Flamme, aber er fand keinen Begleiter. Schließlich hatte sein sportlicher Enkel mit ihm Erbarmen, und so brach das ungleiche Paar nach Europa auf. Ob es denn beim gemeinsamen Marschieren keine Schwierigkeiten mit dem Altersunterschied gäbe, wollte ich wissen.

„No problem", meinte der Großvater. Während er einen Schritte tue, tänzle der Enkel einmal um ihn herum. So seien sie am Abend immer gleich weit, alle beide müde und zufrieden.

Wir zogen uns schon bald zum Schlafen zurück. Denn unsere Schlummermutter hatte die Morgenlosung durchgegeben: „Es wird vor Sonnenaufgang geweckt!"

EIN FESTSCHMAUS ZU EHREN DES HL. CHRISTOPHORUS

24. Juli

Heute galt es meinen Namenspatron zu feiern, denn es war das Fest des hl. Christophorus. Als ob unsere Matrone das geahnt hätte, gab es nach dem Wecken von ihr gesponserten Kaffee und Kuchen, was in den Herbergen eher ungewöhnlich ist. Sie forderte auch keinen bestimmten Betrag für die Übernachtung. Die Pilger konnten in die Kasse werfen, was sie wollten.

Um 6.50 Uhr verließ ich das Haus. Schon bald stellte sich der gewohnte Rhythmus wieder ein. Die Landschaft war in einen feinen Morgennebel gehüllt, die aufgehende Sonne wirkte wie eine schwache Lampe hinter Milchglas. In der Luft lag eine geheimnisvolle Atmosphäre.

Bald stieg der Weg steil an. Oben angelangt, warf ich einen letzten Blick auf Castrojeriz zurück, um nachher eine ausladende Hochebene zu betreten. Unter einem unendlich weiten Himmel öffneten sich da weite Felder, sanft gestreichelt von einem kühlen Nebelschleier, der jedoch schon bald der steigenden Sonne weichen musste. Denn diese gab wieder unmissverständlich zu verstehen, wer Herrin des Tages war.

Bei diesem Abschnitt des Jakobsweges muss der Pilger mehrere Wasserwege queren. Das war für mich immer ein besonderes Ereignis. Wenn man stundenlang auf ebenem Weg gehen muss und rechts und links und vor sich und hinter sich immer nur Erdboden hat, ist das Betreten einer Brücke jedes Mal ein Ereignis. Und was für Brücken finden sich entlang des Jakobsweges! Es sind Wunderwerke der Baukunst. Eine jede hat ihre Geschichte und ihr unverwechselbares Gesicht.

Ich denke da an jene majestätische Brücke, die mit ihren elf Bögen über den Pisuerga führt. Im Sommer bleibt vom breiten Fluss nur ein klägliches Rinnsal übrig. Ich konnte mich nicht sattsehen am trägen Lauf des Wassers, an den Wasserpflanzen mit ihren schlangenähnlichen Bewegungen, an den Libellen und Schwalben, die eifrig der Insektenjagd frönten, erstere wie kleine Helikopter, letztere wie rasante Kampfjets. Ich stand da, fasziniert wie ein Kind, das vor einem Schaufenster stehenbleibt und alles ringsum vergisst, bis die mahnende Stimme der Mutter es aus den Träumereien herausreißt und zum Weitergehen auffordert.

Besonders überrascht, weil völlig unvorbereitet, war ich gegen Mittag beim Anblick des „Canal de Castilla“. Ich stieg nichtsahnend ein kleines Bord hoch und erwartete dahinter irgendeinen staubigen Feldweg. Aber da lag vor mir, wie aus dem Nichts gezaubert, eine von einem kräftigen Schilfgürtel umsäumte Wasserstraße, die, wie ich später erfuhr, zu den bedeutendsten Ingenieurleistungen des 18. Jahrhunderts gehört. Der Kanal war früher ein Getreidetransportweg und diente der Bewässerung von Feldern und dem Antrieb von Getreidemühlen. Es war höchst angenehm und erquickend, für einige Kilometer diesem beruhigenden Wasserweg folgen zu können, der sich gleichsam dem Tempo des Pilgers anpasste. Bei einer jahrhundertealten Schleuse konnte ich schließlich den Kanal überqueren. Es war kaum zu glauben, dass diese raffinierte Anlage vor 300 Jahren gebaut worden war.

Bald darauf betrat ich das Städtchen Frómista, ein bereits von Kelten und Römern besiedelter Ort. Es gibt kaum ein Buch über den Jakobsweg ohne Abbildung dieser weltberühmten Kirche. Sie ist ein vollendetes Meisterwerk der Romanik und strahlt eine Harmonie aus, die schwer in Worte zu fassen ist. Die Augen werden nicht müde, sie in sich aufzunehmen. Beim Umschreiten des Kirchleins eröffnen sich mit jedem Schritt wieder neue Perspektiven und Dimensionen.

Natürlich übersah ich das Storchenpaar nicht, das auf dem Turm ein großes Nest errichtet hatte. Die beiden Adebare schauten etwas hochnäsig von ihrem kulturträchtigen Hochsitz auf die Leute herab. Sie schienen um das Privileg zu wissen, ihren Nachwuchs auf romanischen Fundamenten großziehen zu dürfen.

Ich freute mich darauf, das Innere zu betreten, um den dunklen Raum auf mich wirken zu lassen und darauf zu warten, dass das matte Licht der kleinen Fenster mir ganz allmählich die Schönheit des geheimnisvollen Raumes mit seinen Gewölben und Kuppeln erschließen würde. Aber welche Enttäuschung auch hier: eine abweisende Türsteherin, eine Kasse, eine künstliche Aufteilung des Raumes, Scheinwerfer, Kabel, Technik, Exponate. Nichts war zu sehen von den drei von einer Apsis abgeschlossenen Schiffen, nichts von der oktonalen Kuppel über dem Querschiff.

Ich fand in der Nähe der Kirche eine steinerne Bank. Hier legte ich mich der Länge nach hin und schloss die Augen. Ich genoss die Dunkelheit. Sie entschädigte mich für den mir vorher verwehrten Blick in das Innere der Kirche.

Ich fiel in einen tiefen Schlaf. Aber die harte Bank verhinderte einen längeren Schlummer. So packte ich meine Sachen zusammen und zog in der glühenden Mittagshitze in Richtung Carrión de los Condes weiter. Es ging 20 Kilometer einer stark befahrenen Straße entlang. Immerhin musste ich nicht auf dem Asphalt laufen wie frühere Generationen. Denn parallel zur Landstraße war ein für die Fußpilger reservierter Weg errichtet worden. Dieser wurde immer wieder von Motorrädern und Rennautos als Teststrecke missbraucht, sodass in bestimmten Abständen Pfähle eingerammt wurden, um die Pilger vor rücksichtslosen Fahrern zu schützen.

Über viele Stunden hinweg waren nun Autos und Lastwagen meine treuen, wenn auch anonymen Begleiter. Bei dieser Hitze ging kein Pilger freiwillig auf die Straße. Die meisten machten gegen Mittag bei einer Herberge Halt, wo sie für den Rest des Tages blieben. Weil ich ja ein Zelt bei mir trug und nicht auf die Herbergen angewiesen war, konnte ich mir den Luxus leisten, auch über Mittag zu laufen und bis in die späten Abendstunden hinein unterwegs zu sein.

Als ein Straßenschild darauf hinwies, dass die Entfernung nach Santiago noch 475 Kilometer betrug, war ich erleichtert. Das hieß ja, dass ich bereits 225 Kilometer zurückgelegt hatte und es „nur" noch 475 Kilometer bis zum Ziel waren. Also noch zehn Tage bis Santiago!

Ein kleiner Lichtblick auf dieser Strecke war die Einsiedelei San Miguel. Wunderschön bei einer Pappelallee gelegen, versetzte sie mich in die Zeit von damals. Wie es heutzutage Pilger gibt, die, aus Dankbarkeit für die positiven Erfahrungen unterwegs, sich in einer der Herbergen als „Hospitaleros" nützlich machen, so gab es schon früher Pilger, die entlang des Weges kleine Kapellen und Unterkünfte errichteten, um sich für den Rest ihres Lebens ganz dem Dienst an den Durchreisenden zu widmen. Selbst wenn das kleine Gotteshaus im Moment leerstand und nicht betreten werden konnte: es atmete, so wie es da lag, ganz den Geist echter Gastfreundschaft.

Endlich erreichte ich Carrión de los Condes. Man spürt in den Mauern dieses kleinen Provinzstädtchens noch etwas von seiner früheren Größe. Bis zu 10.000 Einwohner beherbergte es im Mittelalter. Zur Zeit der Reconquista, der Rückeroberung Spaniens, war die Stadt das zentrale Bollwerk gegen den Islam.

Doch meine Sorge galt im Moment mehr der Eroberung eines Nachtlagers. In der Herberge empfing mich eine ältere, vornehme Dame, die ebenso gut die Gouvernante eines englischen Lords hätte sein können. Sie kümmerte sich um alles, sehr diskret und freundlich.

Frisch geduscht und ausgeruht, besuchte ich abends in der nahen Kirche die Eucharistiefeier zu Ehren des hl. Christophorus. Ich wusste, dass in meinem Heimatkloster Einsiedeln heute Morgen bei der Messe extra für mich gebetet worden war, wie es beim Namenstag eines Mitbruders üblich ist. Diese Verbundenheit im Gebet war mir jetzt im fernen Spanien sehr wichtig. Ich empfand es als großes Geschenk, zu einer Mönchsgemeinschaft gehören zu dürfen.

Zur Feier des Tages gönnte ich mir in einem Lokal ein Festmahl: Melone und Schinken, Seehecht und Kartoffeln, Wasser und Wein. Als Nachspeise wünschte ich mir einen Eisstängel zum Lutschen. Die unfreundliche Serviertochter schmiss ihn mir, ohne ersichtlichen Grund, über den langen Holztisch hin, sodass ich ihn regelrecht auffangen musste. Aber ich konnte ihr nicht böse sein. Während ich viele Kilometer an frischer Luft und stressfrei hinter mich gebracht hatte, war sie wohl ebenso viele Kilometer gelaufen wie ich, aber gehetzt zwischen Tischen und Stühlen, Gastraum und Küche. Als ich satt und zufrieden zur Herberge zurückkehrte, wünschte mir die edle „Hospitalera“ noch eine gute Nacht. Ihr Wunsch ging rundum in Erfüllung.

DAS ENDE VOR AUGEN

25. Juli

Gut ausgeruht, verließ ich frühmorgens das gastliche Haus von Carrión de los Condes. Ein sehr niedriger, aber zäher Nebel bedeckte die Äcker und Felder. Ich kam mir vor wie jemand, der knietief im Wasser herumstapft.

Es galt erst mal, einige Kilometer auf einer geteerten Straße zurückzulegen. Ich bemerkte die harte Unterlage jedoch kaum, denn es war faszinierend zu beobachten, wie die aufsteigende Sonne nach und nach den Nebel verdrängte und schließlich ganz auflöste. Selbst jene Nebelschwaden, die sich in Bodenvertiefungen verschanzt hatten, wurden von den warmen Strahlen aufgespürt und mussten sich ergeben.

Für heute hatte ich mir ausnahmsweise ein bestimmtes Tagesziel vorgenommen: Ich wollte 37,5 Kilometer zurücklegen und in Sahagún übernachten. Ich hoffte, dass meine Blasen bereitwillig mitmachen würden und sich nicht querstellten.

Es war ein erhebendes Gefühl, als ich nach wenigen Kilometern in die Via Traiana einbog, in jene alte Römerstraße, die von Bordeaux nach Astorga führte. 14 Kilometer durfte ich nun den Spuren der alten Römer folgen, was nicht ohne Emotionen geschah. Die Morgensonne, die hinter meinem Rücken hochstieg, warf dank meines Hutes und meiner Stöcke einen langen Schatten auf die Erde, der einem römischen Centurionen mit Helm und Lanze nicht unähnlich war. Ich konnte mir die Legionäre gut vorstellen, die da in voller Montur unterwegs waren, um einigen unbelehrbaren Barbaren eine Lektion in „Pax Romana“ zu erteilen. Ich sah im Geiste die endlosen Kolonnen von Reit- und Lasttieren, die für Nachschub sorgten, begleitet von den Händlern, die ihre Waren in aller Herren Länder feilboten.

Die schnurgerade verlaufende Straße hat im Laufe der Jahrhunderte kaum Veränderungen erfahren. Die Römer waren hervorragende Straßenbauer. Das dichte Verkehrsnetz bildete einen der Pfeiler ihrer Eroberungspolitik und war mit ein Grund, warum ihr so weitläufiges Reich verhältnismäßig lange Bestand hatte.

Die römische Straße durchquert einen Teil der gefürchteten Meseta. Es handelt sich dabei um eine Hochebene, die sich auf ca. 850 Meter Höhe über 260 Kilometer weit erstreckt und Teile der Provinzen Burgos, Palencia und León berührt. Sie ist wegen ihrer klimatischen Schwankungen berüchtigt. Auf diesem Teilstück kann es im Sommer bis zu 40 Grad heiß sein. Im Winter jedoch haben Schneestürme und arktische Temperaturen schon Todesopfer unter den Pilgern gefordert. So weit das Auge reicht, gibt es keinen Baum, kein Haus, keinen Schatten, nur Sand und Schotter.

Die Überraschung war perfekt, als die Römerstraße plötzlich zehn Meter bergab führte und ich mich unvermittelt in der überfüllten Bar eines kleinen Dorfes befand, dessen Häuser sich in einer Mulde versteckt hatten.

Die Rast dauerte allerdings nicht lange. Es zog mich weiter, denn der Weg ging nochmals 22 Kilometer weit durch die trostlose Meseta. Ich schnürte mich innerlich ein wie eine Raupe in ihrem Kokon, gab das Denken auf und setzte mechanisch einen Fuß vor den andern, einem Roboter gleich. Das Wasser war ausgegangen, und ich musste mich auf eine längere Durststrecke einstellen. Immerhin erkannten die Blasen an meinen Füßen den Zustand meiner Psyche richtig und verhielten sich mucksmäuschenstill. Sie waren wie Kinder, die spüren, dass die Nerven der Eltern blank liegen und die sich mit Vorteil nicht bemerkbar machen.

Aber schon bahnte sich neues Unheil an. Der Rist des linken Fußes begann zu schmerzen, als ob ich statt meiner Sandalen Skischuhe tragen würde. Ich musste das Tempo drosseln. Mit der Zeit waren nur noch kleine Schritte möglich. Und zuletzt konnte ich den Fuß überhaupt nicht mehr abrollen und humpelte vorwärts wie so manche Pilger, die ich früher elegant überholt hatte. Nun kroch ich selber auf dem Pannenstreifen und musste die Überholspur anderen überlassen.

Von außen war am Fuß nichts zu erkennen. Ich rieb ihn mit allem ein, was ich bei mir hatte. Selbst Augentropfen wurden einmassiert, aber es brachte nichts. Das Übel steckte tiefer: Es waren wohl die Knochen oder Sehnen betroffen. Es sah sehr schlecht aus.

Meine Pilgermoral lag am Boden. Ich schleppte mich weiter, aber ich fühlte, wie das vorzeitige Ende meiner Pilgerreise nun bevorstand. Der Fuß tat sehr weh. Es war ein intensiver, mir bis dahin unbekannter Schmerz, der nichts Gutes verhieß.

Zum Glück brachte mich eine unerwartete Begegnung mit einem mitleidenden Kollegen für einen Moment auf andere Gedanken. Er stand da, mit hängendem Kopf, der brütenden Hitze schutzlos ausgeliefert wie ich. Die schwermütigen Augen starrten ins Leere. Er nahm nichts wahr von dem, was um ihn herum geschah. Auf mein Näherkommen reagierte er überhaupt nicht. Meine aufmunternden Worte versickerten in seinen Eselsohren wie Wasser im Wüstensand. Meine zärtlichen Berührungen hinter seinen Ohren hätten auch einem ausgestopften Exemplar gelten können. Er stand ungerührt da, rundum resigniert. Er klagte nicht. Aber er ließ sich auch nicht trösten. Als ich die lästigen Fliegen aus seinem Gesicht verscheuchte, zuckte er mit keiner Wimper. Es hätten ebenso gut Schläge sein können.

Als ich mich entfernte, schaute ich noch einmal kurz zu ihm zurück. Insgeheim hoffte ich, dass er wenigstens seinen Kopf nach mir, seinem verständnisvollen Freund, umdrehen würde, gleichsam als stummer Dank. Aber er blieb regungslos.

Und doch hatte mir die Begegnung mit ihm gutgetan. Auch wenn sein Mund stumm geblieben war und er kaum ein direkter Nachkomme des Esels Bileams war, hatte er durch sein Dasein zur richtigen Zeit und am richtigen Ort das quälende Kreisen um mich selber etwas durchbrochen. Jedenfalls setzte ich meinen Weg etwas zuversichtlicher fort als vorher.

Endlich erschienen am Horizont die Häuser von Sahagún. Aber es war noch ein schmerzvoller Weg, bis ich die Stadt durch das prachtvolle Tor betreten konnte.

Auf der Suche nach der Pilgerherberge holten mich alle bösen Gedanken wieder ein, von denen ich glaubte, ich hätte sie beim Esel deponiert. Sahagún und nicht Santiago de Compostela sollte also das Endziel meiner Pilgerreise sein. Wer hätte das gedacht! Ich konnte mir das kommende Szenario leicht ausmalen: Ein Arzt würde mich sofort ins Krankenhaus einliefern. Dort müsste ich mit einem viel zu kurzen Bett vorlieb nehmen. Vorher wäre noch ein anständiger Pyjama zu kaufen. Vom Krankenzimmer aus würde ich dann allen meinen Freunden eine Karte über mein Missgeschick schreiben. Und dann das Problem, ob man am Sahagúner Bahnhof eine Fahrkarte „Einsiedeln einfach“ lösen konnte? Und was geschah mit meinem Rad in Puenta la Reina?

Ich humpelte zur Herberge von Sahagún. Sie befand sich im Kirchenraum eines ehemaligen Benediktinerklosters. Hier wurde geschmacklos, aber praktisch, auf halber Höhe des Kirchenschiffs ein Boden eingezogen und als großer Pilgerschlafraum eingerichtet. Zu meinem Leidwesen waren alle Betten belegt. Aber man zeigte Mitleid mit meinem Zustand und bot mir eine alte Matratze an. Die solle ich irgendwo hinlegen und es mir bequem machen. Ich wählte eine Nische unterhalb der Treppe, die zu den Schlafräumen hinaufführte. Vielleicht war es früher der Gebetsplatz des Abtes gewesen? Oder haben die Novizen von hier aus während der nächtlichen Vigilien ihre Lesungen vorgetragen?

Als ich alles eingerichtet hatte, machte ich mich auf die Suche nach einer Apotheke. Unterwegs überlegte ich noch, wie ich meine Beschwerden auf Spanisch beschreiben könnte. Unnötige Sorge! Schon nach den ersten Worten und Gesten wusste die Apothekerin, dass es eine Sehnenscheidenentzündung war. Sie gab mir eine Salbe, die griffbereit vor ihr auf dem Regal lag. Scheinbar war ich nicht der einzige Pilger mit diesem Leiden. Ja, ein Jahr nach diesen Ereignissen, als ich schon lange wieder zu Hause war, fiel mir das wertvolle Jakobsbuch von Hagenmeyer in die Hände, wo ich nicht ohne Schmunzeln las: „Abends in Sahagún läuft plötzlich Stephanie in die Herberge ein. Tränen laufen ihr über das Gesicht. Sie geht seit geraumer Zeit mit einer Sehnenscheidenentzündung im rechten Bein. Mir ist unerklärlich, wie sie ihre Schmerzen aushält, noch dazu in der Meseta." Sahagún also, das Mekka sehnenscheidenentzündungsgeplagter Jakobspilger!

Die nette, französisch sprechende Apothekerin riet mir noch, vor dem Einreiben der Salbe etwas Eis auf die entzündete Stelle zu legen. So begab ich mich auf die Suche nach Eiswürfeln. Ich betrat eine Bar und versuchte, den Anwesenden mit lateinischen, französischen und spanischen Wortfetzen und unter Zuhilfenahme der Hände und Füße zu erklären, was ich wollte, aber kein Mensch verstand mich. Ich sprach von „agua calda" und zitterte am ganzen Körper wie im tiefsten Winter. Aber alle zuckten nur die Schultern und formten ihre Hand zu einer für Südländer typischen Geste, die Rat- und Interesselosigkeit vermischt mit einer Spur von Verachtung ausdrückt. Ich redete von Coca-Cola, zeigte in ein Glas und zitterte wieder wie ein Seehund auf einer Eisscholle. Der Kellner deutete es falsch und stellte zur Gaudi der Umstehenden eine Coca-Cola in warmes Wasser, um damit meine vermeintliche Erkältung auszukurieren. Ich machte gute Miene zum bösen Spiel und lachte mit. Als endlich jemand ein Getränk mit Eiswürfeln bestellte, war der Bann gebrochen, und ich erhielt das Gewünschte.

In einem nahen Park suchte ich ein einsames Plätzchen, um die Eiswürfel in die Socken zu schieben. Das schien mir die effektivste Methode zu sein, um die entzündete Stelle zu kühlen. Aber ein kleiner Bub war auf mein Tun aufmerksam geworden. Neugierig setzte er sich in meine Nähe und beobachtete, was ich da tat. Das war mir sehr lästig. Aber ich konnte mich drehen und wenden, wie ich wollte, der Kleine blieb hartnäckig und wechselte dann ebenfalls seinen Platz. Als das erste Schmelzwasser aus dem Socken rann, machte er ungläubige Augen. Ich beschloss, die Prozedur abzubrechen und zur Herberge zurückzukehren. Ich stopfte noch rasch den Rest der kalten Dinger in meinen Socken hinein. Das Gewebe aber war bereits durchnässt. Durch das zusätzliche Gewicht weitete es sich dermaßen, dass sich alle paar Meter ein Eiswürfel selbstständig machte und auf die Straße kollerte. Bei der Herberge angekommen, war kein Eis mehr im Socken.

Nach dem anstrengenden Tag war es höchste Zeit für eine Dusche. Die Schließvorrichtung funktionierte aber nicht, sodass sich während des Duschens ab und zu die Tür öffnete und ein überraschtes Gesicht sich mit ein paar entschuldigenden Worten wieder zurückzog. Auch die Toiletten konnten nicht verriegelt werden. Peinlich für den, der eben am

Verrichten seines Geschäftes war, wie auch für den, der nichtsahnend eintrat.

Endlich konnte ich mich zur Ruhe legen. Ich trug die Salbe auf und zog mich auf meine Matratze zurück. Erst in der Nacht, als es für ein Umbetten schon zu spät war, verstand ich, warum mir niemand meinen Logenplatz streitig gemacht hatte. Denn jedes Mal, wenn jemand die Treppe hoch- oder niederstieg, und das war bis tief in die Nacht hinein fast ununterbrochen der Fall, rieselte etwas Sand oder Dreck von den Stufen auf mich herab. Es blieb mir nichts anderes übrig, als meinen Kopf so gut als möglich in den Schlafsack zu stecken, um ihn vor dem Übereifer der spanischen Sandmännchen zu schützen.

Ungeduldig wartete ich auf den Morgen, der über mein weiteres Pilgerschicksal bestimmen sollte. Immer wieder tastete ich nach dem kranken Fuß. Im Liegen war der Schmerz erträglich. Wie aber, wenn ich den Fuß morgen wieder voll belasten würde? Ich dachte an den geduldigen Esel zurück und vertraute meinen Fuß und den morgigen Tag mit allem, was er bringen sollte, dem lieben Gott an.

DIE SCHWEIGSAME ESKORTE

26. Juli

Es herrschte noch völlige Dunkelheit, aber ich hielt es in der Herberge nicht mehr aus. Ich kroch, behindert durch meinen kranken Fuß, langsam und umständlich aus meinem engen Schlafsack heraus. Jetzt wollte ich endgültig wissen, was heute auf mich wartete. War es die Einlieferung ins Krankenhaus, der Gang zum Bahnhof, eine längere Ruhepause oder vielleicht doch die Fortsetzung des Weges? Vorsichtig belastete ich den entzündeten Fuß. Die Schmerzen hielten sich in Grenzen. Die Eiswürfel vom Vorabend und die Salbe in der Nacht hatten gutgetan.

In der Dunkelheit packte ich kurzerhand alles zusammen, was in Reichweite lag, und stahl mich heimlich aus der Herberge. Humpelnd lief ich in die sternenklare Nacht hinaus, ohne Frühstück, ohne Zähneputzen, mit viel Sand im Haar. Ich bewegte mich bewusst langsam, fast tastend vorwärts.

Mit der Morgenröte machten sich auch die ersten Pilger auf den Weg. Beim Überholen hatten wohl alle Mitleid mit mir. Ich war allerdings so sehr mit meinem Fuß beschäftigt, dass ich die Umgebung kaum wahrnahm.

Als die Sonne ihre volle Kraft erreicht hatte und ich einmal kurz zum Himmel aufblickte, sah ich, wie einige Geier über mir kreisten. Es war ihr gutes Recht, sich beim Anblick einer havarierten Kreatur Hoffnung auf ein Festmahl zu machen. Aber ihre Gegenwart bewirkte zugleich, dass sich das Leben in mir nochmals aufbäumte und ich ihnen das Feld nicht kampflos überließ. Ja, ich spürte deutlich, wie meine Lebenskräfte allmählich wieder zurückkehrten. Die Aasgeier mussten das bemerkt haben und suchten anderswo Ausschau nach etwas Fressbarem.

Der Weg zog sich in einer unendlich scheinenden Landschaft dahin. Er war nun flankiert von einer nicht enden wollenden Baumallee, die die drückende Monotonie eher noch verstärkte. Die EU verwirklichte vor Jahren den umstrittenen Plan, entlang dieses Abschnitts Tausende von Bäumen pflanzen zu lassen, im Abstand von exakt neun Metern. Da standen sie nun, militärisch angeordnet wie Straßenlaternen. Im Sommer der brütenden Hitze, im Winter den eisigen Winden ausgesetzt, schwiegen sie vor sich hin. Man wusste nicht wirklich, was in ihnen vorging. Sie sahen Tausende von Pilgern vorüberziehen, einen jeden mit seiner Schrittart und seinem Charakter, mit seinen Freuden und seinen Schmerzen, mit seinen Hoffnungen und seinen Enttäuschungen. Es zogen da Gruppen vorüber, die lachten und schwatzten. Und es kamen schweigsame Einzelpilger vorbei, still mit sich selbst beschäftigt.

Ich war mir sicher, dass die sensiblen Bäumchen das alles irgendwie in sich aufnahmen. Einige waren damit wohl schon an ihre Grenzen gestoßen und abgestorben. Da es hier kein Nachrücken gab wie im Militär, klaffte da und dort eine Lücke in ihrer pazifistischen Phalanx.

Dieser Teil des Jakobsweges war lang-weilig, d. h. von langen Weilen geprägt. Es gibt auf dem Jakobsweg auch viele kurze Weilen, über die man sehr kurz-weilig erzählen kann: hier eine Begegnung, dort ein Gespräch, da ein Missgeschick, dort eine glückliche Fügung.

Doch über weite Strecken des Camino dominieren die langen Weilen. Über sie zu berichten ist lang-weilig, denn es passiert nichts, außer, dass man einen Fuß vor den anderen setzt, Stunde um Stunde, Tag für Tag, Woche für Woche. Was dabei im Pilger vor sich geht, ist schwer zu sagen. Es gibt

Phasen, wo Vergangenes, Gegenwärtiges oder Zukünftiges ohne erkennbare Reihenfolge und Logik durch den Kopf wirbeln. Dann wiederum gibt es Zeiten, wo sich der Pilger in einem Zustand tiefer Ruhe befindet.

Der Körper ist vor allem zu Beginn des Weges gefordert. Er muss mit der ungewohnten Umstellung fertig werden und verlangt stete Aufmerksamkeit. Sonst macht er durch Schmerzen und Beschwerden auf sich aufmerksam oder tritt gar in den Streik. Mit der Zeit jedoch gewöhnt er sich an die neue Situation und verschmilzt mit der Landschaft, die er durchwandert. Er hat gleichsam seine innere Harmonie gefunden und ist jetzt bereit für die Erfahrung der so wertvollen langen Weilen.

Fragt mich jemand nach dem Besonderen des Jakobsweges, so ist das meiner Meinung nach nicht die Ankunft in Santiago oder irgendwelche kurzweilige Episode. Für mich liegt das Entscheidende in der Erfahrung dieser langen Weilen. Und die lassen sich nicht in Worte fassen. Äußerlich passiert nichts. Innerlich aber geschieht ein Prozess der Leerwerdung. Man empfindet dies aber nicht als negativ, im Gegenteil: Dieses Leerwerden, das spürt man, ist die Voraussetzung für eine neue, geheimnisvolle Art des Beschenktwerdens.

Als ich den Weg unter die Füße nahm, war ich sicher, dass ich sehr viel Zeit für das Gebet haben werde. Dem war auch so. Ich hatte viel Zeit. Aber es stellte sich eine andere Art des Betens ein.

Es gibt Pilger, die unterwegs stundenlang den Rosenkranz beten können. Ich bewundere sie. Bei mir schlugen alle diesbezüglichen Versuche fehl, mit Ausnahme des Gesätzchens „den du, o Jungfrau, zu Elisabeth getragen hast“. Vielleicht, weil es da Ähnlichkeiten gab zwischen Maria und mir. Sie machte sich allein auf den Weg wie ich, sie eilte ins Bergland wie ich, sie hatte ein bestimmtes Ziel vor Augen wie ich, und sie war damals eine Christophora wie ich, eine Christus-Trägerin. Sie, weil sie Christus in ihrem Schoß trug, ich, weil ich ihn in meinem Namen trage. Aber sonst?

Gewiss, es begleitete mich auch das kleine Jesusgebet in seiner wunderbaren Schlichtheit. Und die mir wohlvertrauten Psalmen. Und doch … Die meisten der traditionellen Gebetsarten blieben auf der Strecke.

An ihre Stelle trat eine neue Art des Betens, die aber schwer zu beschreiben ist. Man könnte sie am ehesten mit dem Gebet kranker oder alter Menschen vergleichen. Denn diese haben ja, da sie keiner Arbeit mehr nachgehen und oft allein sind, viel Zeit zum Beten, genauso viel wie ein Jakobspilger, nämlich den ganzen Tag. Aber ausgerechnet jetzt geht es plötzlich nicht mehr.

Ich musste immer wieder an unseren verstorbenen Bruder Anton denken, der jahrzehntelang in der Küche arbeitete. Er stand täglich nachts um drei Uhr auf, um genug Zeit zu haben für alle seine zahlreichen Gebete. Als er schwer erkrankte, besuchte ich ihn ab und zu. Er lag da in seinem Bett, aufgedunsen, den Rosenkranz in der Hand. Jetzt hatte er endlich Tag und Nacht Zeit zum Beten, viel mehr als früher. Aber er seufzte nur immer vor sich hin: „Cha nümme bätte, cha nümme bätte! – Ich kann nicht mehr beten!"

Er konnte tatsächlich nicht mehr beten. Oder besser gesagt: Nicht mehr so beten, wie er es von früher her gewöhnt war. Nur schwer sah er ein, dass sein jetziger Zustand eine neue Art des Betens mit sich brachte, ein gleichsam passives Beten, wo der Mensch nichts mehr aus eigener Kraft tut, sondern nur noch Empfangender ist. Es genügt jetzt, einfach da zu sein, stundenlang, wortlos, leer, leidend, aber ganz in der Gegenwart dessen, der sich beim brennenden Dornbusch offenbarte als der „Ich bin da, wo du bist“ (Martin Buber). So kann es auch dem Pilger ergehen, vor allem auf den mühsamen Streckenabschnitten mit ihren langen Weilen.

Geheimnisvoll berühren sich da die Erfahrung am Krankenbett und die Erfahrung auf dem Jakobsweg.

Die langen Weilen entlang der EU-Bäumchen wurden aber abrupt unterbrochen, als ich plötzlich die Bahnlinie Palencia–La Coruña überqueren musste. Da holte mich die Zivilisation wieder ein. Ich stand mitten auf den glühenden Bahngleisen, die auf beiden Seiten bis weit in den fernen Horizont reichten. Sie verliefen so schnurgerade und lösten sich in der Ferne so geheimnisvoll auf, dass ich meinte, an ihnen die Krümmung der Erde ausmachen zu können. So wie am Meer, wenn die dampfenden Ozeanriesen in der Ferne immer kleiner werden, um schließlich ganz zu verschwinden.

Auf der geteerten Straße, die parallel zum Pilgerweg verlief, begegnete ich einem deutschen Pilger, der eine schwere Rückenoperation hinter sich hatte. Es war ihm nicht mehr möglich, einen Rucksack zu tragen, und so hatte er sich ein Fahrgestell zurechtgebastelt, das er, an seinen Hüften befestigt, hinter sich herzog. Er sah aus wie ein Rennpferd mit einem Sulky, jenem zweirädrigen Wagen, welchen die Traber in Ascot unter den Augen der Queen über die Ziellinie lenken.

So ähnlich verbissen, aber etwas langsamer und weniger elegant, bewegte der gehandicapte Pilger sein Gepäck in Richtung Ziel. Dabei war er gezwungen, mit seinem ungewöhnlichen Anhänger auf geteerten Straßen zu marschieren, was seine Füße und Knöchel enorm belastete. Jeden Abend rief er seine besorgte Gattin an, um sie zu beruhigen und ihr ein liebes Wort zu sagen. Er verabschiedete sich herzlich mit dem traditionellen Ruf der Jakobspilger: „Ultreja! – Mutig, immer weiter!"

Müde, aber überglücklich erreichte ich gegen Abend ein mittelalterliches Städtchen mit dem hübschen Namen „Mansilla de las Mulas" (Mansilla von den Mauleseln). Es ist von einer drei Meter dicken Mauer aus dem 12. Jahrhundert umgeben. Die großen Plätze innerhalb der Stadt verweisen auf ihre frühere Bedeutung als Umschlagplatz für Getreide und Vieh. Als ich den Hauptplatz betrat, fühlte ich mich plötzlich ins Mittelalter zurückversetzt. Die Leute trugen alle mittelalterliche Trachten, und es herrschte ein reges Handeln und Feilschen, ein Kommen und Gehen von Pferdekutschen und Schubkarren. Des Rätsels Lösung war bald gefunden: Ich war just am Tag der „fiesta medieval", des „Mittelalterfestes", ins Städtchen gekommen. Da gab es viel zu sehen und zu bestaunen, zu degustieren und zu kaufen.

Nach diesem strengen Tag freute ich mich auf die Übernachtung in der Herberge. Ich hatte sie problemlos ausfindig machen können. Sie befand sich in einer alten Häuserreihe und verfügte über einen romantischen Innenhof. Ein charmanter Holländer war hier der Verantwortliche. Als ich nach meinem Stadtbummel bei ihm vorsprach, wies er mich zu meiner Enttäuschung ab, da alle Schlafplätze belegt waren. Er schickte mich aus der Stadt hinaus auf den Campingplatz. Dort sei ein Militärzelt aufgestellt, wo ich für drei Euro übernachten könne.

So begab ich mich auf die Suche nach dem Zeltplatz. Er lag am Ufer des Flusses Esla. Der Boden der Notunterkunft sah so unappetitlich aus, dass ich dankend ablehnte und einmal mehr froh war um mein Zelt, das mir in solchen Situationen immer gute Dienste leistete.

Meinen Hunger konnte ich mit mittelalterlichem Gebäck stillen und für den Durst gab es eine antike Biersorte. Zum vollendeten Glück fehlte nur noch ein kühles Bad. Es gab aber vom Campingareal aus keinen direkten Zugang zum Wasser. So musste ich ein gutes Stück flussabwärts laufen, bis ich in der steilen, von Dornen und Brennnesseln überwucherten Böschung eine Stelle fand, von wo aus ich einigermaßen sicher ins Wasser steigen konnte. Um nach dem Bade nicht mit schmutzigen Füßen in die Sandalen schlüpfen zu müssen, legte ich mir vorausblickend am Rande des Wassers einen flachen Stein zurecht. Auf dieser kleinen Plattform zog ich mit gewagten Balanceakten meine Kleider aus und meine Badehose an.

Das Wasser war ziemlich kalt. Daher wollte ich, wie es sich gehört, meinen verschwitzten Körper erst langsam an die Wassertemperatur gewöhnen. Doch plötzlich gab die Böschung nach und rutschte ab. Ich fiel rücklings in die Fluten. Als ich wieder auftauchte, war ich über und über mit Wasserpflanzen bedeckt. Ich befreite mich von den Plagegeistern, indem ich mit ein paar kräftigen Stößen in die Mitte des gemächlichen Flusses hinausschwamm, um dort in gemütlicher Rückenlage vor mich hin zu träumen.

Kein Laut war zu hören, kein Mensch zu sehen. Der hitzegeplagte Körper genoss das kühle Nass. Meine Füße und Beine entkrampften sich durch die leichten Schwimmbewegungen, die zudem bewirkten, dass ich nicht zu stark abgetrieben wurde. Die Bäume spannten von beiden Ufern aus einen Baldachin aus Laub und Geäst über mich. Dahinter lachte tiefblauer Himmel. Es war wie im Paradies.

Allzulange hielt ich es jedoch im kalten Wasser nicht aus, und so strebte ich schon bald wieder zum Ufer hin. Zunächst musste ich mir einen Pfad durch den Algen-Urwald bahnen. Mir war, als ob ein Heer von Wanzenbeißern, Blutegeln, Libellenlarven und Wasserskorpionen an meinen Waden hinge.

Endlich erreichte ich das Ufer, wo mir der heikelste Moment noch bevorstand. Ich hatte vor, mit dem linken Fuß im Wasser stehen zu bleiben, während ich den rechten vom Schlamm säuberte. Dann war geplant, den linken Fuß nachzuholen und mit ihm ebenso zu verfahren.

Mein Plan schien vorerst aufzugehen. Nach einigen artistischen Verrenkungen befanden sich Hose und Hemd bereits an meinem Körper. Der linke Fuß war auch schon halbwegs in der Sandale.

Doch dann gab der Stein unter meinem Gewicht nach, und ich fiel mit allem, was ich am Leibe trug, wieder in die Fluten zurück. Goethe hat im Gedicht „Der Fischer" diesen Moment treffend festgehalten:

„Da war's um ihn geschehn:
Halb zog es ihn, halb sank er hin
und ward nicht mehr gesehn."

Im Gegensatz zu jenem Fischer kam ich aber wieder zum Vorschein. Ich muss wohl wie ein ostnigerianisches Flusspferd ausgesehen haben, als ich algenbehangen wieder an die Oberfläche kam.

Es war immerhin tröstlich, dass es keine Augenzeugen gab. Oder doch? Einen gab es sicher. Von ihm heißt es im Psalm 2 nämlich: „Der Herr, der im Himmel thront, er lacht!" Ja, das hat er sicher getan!

Auf dem Campingplatz musste ich zunächst alles waschen und zum Trocknen aufhängen. Hernach kroch ich erschöpft in meinen Schlafsack.

VOLLER UNRUHE

27. Juli

Ich war am Morgen ganz überrascht, dass mein Zelt und die Umgebung nass waren. In der Nacht hatte sich ein kleines Gewitter entladen. Die letzten Restwolken verzogen sich und erneut zog ein strahlender Tag herauf.

Ich konnte es nicht lassen, nochmals an der gleichen Stelle in den Fluss zu steigen, wo ich am Vorabend schmählich untergegangen war. Doch ich hatte aus den Fehlern gelernt: Diesmal ging's problemlos. Allerdings war es an diesem Morgen so kalt, dass ich mich nach dem Bad noch längere Zeit unter die warme Dusche stellen musste, um meine Körpertemperatur wieder auf Vordermann zu bringen. Dann legte ich mein Zelt zusammen und zog weiter.

Die nächste Etappe war vorgegeben: Es waren nur noch 17 Kilometer bis León, der Perle Kastiliens. Dort wollte ich einen halben Tag lang ausruhen. Der Weg dorthin war jedoch höchst mühsam. Es ging lange Zeit fantasielosen Straßen entlang. Schließlich kam ich zu einer Anhöhe, die einen herrlichen Rundblick über die Stadt ermöglichte.

Doch stand ich mit gemischten Gefühlen da. Bisher war mir jedes Mal übel geworden, wenn ich eine größere Agglomeration betrat. Ich konnte mir das nicht so recht erklären, war ich doch selber mitten in der Stadt Zürich aufgewachsen.

Kaum hatte ich León betreten, da umfing mich der Lärm brüllender Autos und aufheulender Motorräder, die scheinbar planlos herumfuhren. Resigniert schauten gesichtslose, schmutzige Häuser dem rastlosen Treiben zu. Ich stand da, mittendrin, verloren und verwirrt. Die vertrauten, gelben

Wegpfeile hatten sich nicht bis in die Stadt hineingewagt. Also fragte ich Passanten nach dem Weg zur Pilgerherberge. Sie antworteten mir gereizt und schienen wie beleidigt. In den kleinen Dörfern freuten sich die Leute immer, wenn man sie ansprach. Das brachte etwas Abwechslung in ihren eher eintönigen Alltag. Aber hier …

Schließlich fand ich doch noch zu einer Art Kaserne, deren vierter Stock als Herberge diente. Zwei Damen empfingen mich sehr freundlich und verbreiteten die angenehme Atmosphäre eines Familienbetriebes. Die Schlafräume und Sanitäranlagen waren äußerst reinlich und gepflegt. Zufrieden und versöhnt machte ich mich nun auf die Suche nach der Kathedrale. Im Zentrum der Stadt waren zum Glück alle Autos verbannt. Hier löste die Stimmenvielfalt von Menschen aus aller Herren Länder den Lärm des Straßenverkehrs ab. Wer erliegt nicht dem Charme einer südländischen Stadt mit ihrem Ambiente und einmaligem Flair!

Ich stand da, schaute und staunte, und sog alles in mich auf. Ich wagte nicht, mit meinen Pilgerklamotten in eines der feinen Lokale essen zu gehen. So kaufte ich mir ein Eis und aß es auf einer Bank. Die Auswahl an Aromen, die da feilgeboten wurden, sprengte alle Grenzen. In der Folge bestanden sowohl Abendessen als auch Frühstück aus dieser kalten Köstlichkeit, deren Kalorien ich nicht zu fürchten brauchte. Denn am nächsten Tag standen über 50 Kilometer auf dem Programm!

In einer alten Stadt ist die Suche nach der Kathedrale immer aufregend und spannend. Ich erinnere mich, wie ich vor Jahren um Mitternacht in Florenz umsteigen und zwei Stunden auf den nächsten Anschluss warten musste. So begab ich mich auf die Suche nach dem Florentiner Dom. Die Gassen waren bevölkert wie am hellen Tag: Kinder, Hunde, Katzen, Tauben, alles war auf der Straße. Man zeigte mir zwar willig den Weg zum Gotteshaus, doch in den engen, dunklen Gassen verlor ich immer wieder den Blick auf den Dom und irrte ziellos umher. Schließlich bog ich nichtsahnend um eine Häuserecke. Und plötzlich stand er da vor mir, der Dom von Florenz: unwirklich, feenhaft, wie im Traum.

So ähnlich war es auch in León. Nur ist hier der Vorplatz der Kathedrale ausladender als in Florenz. Ich blieb staunend und etwas ungläubig vor diesem Meisterwerk menschlicher Baukunst stehen. Innerlich bereitete ich mich auf das vor, was die Berühmtheit dieses Gotteshauses ausmacht: seine Glasfenster. Von außen gesehen und in der Nacht sind sie unspektakulär, ja unansehnlich. Erst die Strahlen der Sonne erwecken in ihnen den verborgenen Reichtum an Farben und Formen. Dieser stete Wechsel von Tag und Nacht, von leuchtender Sonne und tiefer Dunkelheit, von Farbenfülle und Grautönen war mir vom bisherigen Pilgerweg her bestens vertraut. Denn meine geliebten Getreidefelder neben mir, der blaue Himmel über mir und die braune Erde unter mir versanken jede Nacht in ein undefinierbares Schwarz, um sich mit aufsteigender Sonne wieder in die schönsten Farben zu kleiden.

Ich konnte es kaum erwarten, die Kathedrale zu betreten. Doch welche Enttäuschung! Sie war geschlossen. Einfach so. Den ganzen Tag über. Ohne Angabe der Gründe.

Jetzt erschien mir die Zeit bis zum Einbrechen der Nacht unendlich lang. Was tun? Am liebsten hätte ich León gleich wieder verlassen. Ich sehnte mich nach der Einsamkeit des Weges und nach der Weite und Stille der Landschaft. Aber mein Nachtlager war bereits reserviert.

So schlenderte ich ziellos durch die Gassen der Stadt und stand plötzlich vor der Basilika San Isidoro. Auf 21.00 Uhr war eine Abendmesse angesagt. Die Kirche füllte sich bis auf den letzten Platz. Die Schönheit des Raumes, die Vertrautheit der Liturgie und die Erfahrung der Katholizität, die alle Sprachen, Schichten, Rassen und Völker der Erde umfasst, versöhnten mich mit diesem Tag, der nun zu Ende ging.

Es hätte ein Ruhetag werden sollen. Aber ich konnte in der Stadt keine Ruhe finden, weder innerlich noch äußerlich. Ich spürte deutlich: Die ersehnte Ruhe, die wird mir erst wieder auf dem Weg geschenkt, im vertrauten Rhythmus meiner Schritte. So erwartete ich ungeduldig die Morgenröte, die den neuen Tag ankündigte.

KELTISCHE KLÄNGE – ZWISCHEN WEIHRAUCHDUFT UND WIDDERHORN

28. Juli

Obwohl ich mit dem festen Vorsatz ins Bett gegangen war, der Stadt León am Morgen so schnell wie möglich den Rücken zu kehren, war ich einmal mehr unter den Letzten, die die Herberge verließen. Ein tiefer Schlaf hatte sich meiner bemächtigt, der auf die Betriebsamkeit der früh aufbrechenden Pilger überhaupt nicht reagierte. Bis auf ein junges Paar aus den USA, das immer noch auf den Pritschen lag, hatten schon alle die Herberge verlassen.

Endlich war auch ich auf der Straße. Aber ich suchte vergeblich nach dem Weg, der mich aus dem Lärm der Stadt hinausführen sollte. Lange Zeit irrte ich in den Straßen umher. Ich war bei schlechter Stimmung. Schließlich ging ich auf einen alten Mann zu, der auf einer Bank saß. Ich wollte von ihm nur eine knappe Auskunft, um endlich mit kräftigen Schritten loszuziehen.

Er aber fühlte sich durch meine Anfrage geehrt und wollte mir den Weg nicht nur zeigen, sondern ein ganzes Stück mit mir mitgehen. Das war nun nicht das, was ich jetzt brauchte. Aber ich konnte den freundlichen Alten nicht vor den Kopf stoßen. So krochen wir, nun zu zweit, unendlich langsam vorwärts. Er plauderte unentwegt vor sich hin. Dabei nahm er seine Zigarette nie vom Mund, sodass ich kein Wort verstand. Zum Glück stellte er keine Fragen. Er war einfach froh um zwei fremde Ohren, die ihm zuhörten.

Sobald ich aber den ersten Wegweiser des Camino erspähte, schlug ich unmerklich eine schnellere Gangart ein. Das überforderte meinen Fremdenführer und bewegte ihn schließlich zur Umkehr. Ich gab ihm ein gutes Trinkgeld für seine treuen Lotsendienste und war unendlich froh, wieder allein auf dem Weg zu sein. Der freundliche Alte hatte immerhin bewirkt, dass meine schlechte Laune teilweise verflogen war. Vollends verflüchtigte sie sich, als ich an einem Garten vorbeilief. Eine alte Frau winkte mir zu. Sie war eben damit beschäftigt, Mirabellen von einem Baum zu pflücken und bot mir einige dieser köstlichen Früchte an. Ich nahm sie aus ihrer Hand wie aus der Hand eines Engels.

Nach einiger Zeit überholte ich ein Ehepaar und traute meinen Ohren nicht. Es waren Schweizer! Eine Seltenheit auf dem Jakobsweg. Sie stammten wie ich aus dem Kanton Zürich und freuten sich, mit mir ein paar Worte im vertrauten Dialekt wechseln zu können. Doch schon bald folgten wieder die einsamen Wege, die langen Weilen, die Stunden, die zeitlos dahinflossen.

Da durchbrach plötzlich ein tiefer, unheimlicher Laut die gewohnte Stille. Er ließ sich in unregelmäßigen Abständen vernehmen und kam immer näher.

Das Rätsel war bald gelöst. Vor mir befand sich eine kleine Schar von Druiden oder Möchtegern-Druiden. Sie erinnerten mich mit ihrer lächelnden und kindlichen Art an die Blumenkinder der 68er-Jahre. Sie hatten es gar nicht eilig. Die Oberdruidin hielt ein Horn in der Hand und zauberte daraus einen archaischen Ton, der mir durch Mark und Bein ging. Sie wollte wohl den keltischen Göttinnen und Göttern den Standort ihrer Gespielinnen und Gespielen signalisieren. Einige von ihnen hatten kleine Pfannen bei sich, aus denen feiner Weihrauchduft strömte. In ihren bunten Kleidern und mit den aufgesteckten Vogelfedern waren sie mir schon in León aufgefallen, wo ich sie für Anhänger indianischer Naturreligionen gehalten hatte. Dort waren sie, von einer Menschenmenge umringt, vor der geschlossenen Kathedrale gesessen. Durch ihre Rituale und exotischen Tänze zogen sie viele Schaulustige an.

Wer wollte, konnte sich in den inneren Kreis der Gruppe begeben, wo ihm unter Gemurmel und geheimnisvollen Gesten die Hände aufgelegt wurden. Andere ließen sich von allen Seiten feierlich beweihräuchern, um vielleicht die Reinigung ihrer Aura oder die Vertreibung böser Geister zu erwirken. Alles geschah in einer friedlichen, leicht entrückten Atmosphäre.

Es überraschte mich nicht, dass ich diese Druidenjünger ausgerechnet auf dem Jakobsweg antraf. Denn dieser Weg, der bis zum atlantischen Ozean führt, also an das Ende der damaligen Welt, war schon in vorchristlicher Zeit beliebt und frequentiert. Die strikte Ausrichtung des Weges nach Westen und die besondere Konstellation der Sterne (Compo-Stela) übten schon früh eine große Faszination auf die Menschen aus.

Der Weg ans Ende der Welt, wo die Sonne jeden Abend als roter Feuerball in den gewaltigen Wassermassen verschwindet, war auch ein Initiationsweg für junge Männer. Bei den schroffen Meeresklippen angekommen, verbrannten sie ihre alten Kleider und zogen neue an. Es war ein äußeres Zeichen dafür, dass sie nun neue, in die Geheimnisse der Schöpfung eingeweihte Menschen waren.

Ob meine tanzenden und singenden Druiden jemals bis ans Ende der Welt gelangen würden? Bei ihrem Tempo eher nicht. Aber das schien sie nicht zu beschäftigen. Sie genossen den Augenblick, das Einssein mit der Natur, die Verbundenheit mit den Göttern und Menschen.

Als ich an ihnen vorüberzog, winkten sie mir lächelnd zu. Ich erwiderte ihren Gruß mit ebensolcher Freundlichkeit.

Auch der Weihrauchduft blieb mir noch lange in der Nase haften, und der Klang des Widderhornes verebbte nur ganz langsam in der Ferne.

Die bunte Schar ließ mich für kurze Zeit meinen Hunger vergessen. Jetzt aber knurrte mein Magen unüberhörbar. In León hatte ich mir frühmorgens noch ein Eis genehmigt, und später waren die Mirabellen meines Engels dazugekommen, aber das genügte nicht auf Dauer. Endlich bog der Weg in ein kleines Dorf ein, wo ich Milch, Joghurt und ein Honiggebäck kaufte.

Die freundliche Verkäuferin machte mich darauf aufmerksam, dass im Wäldchen unterhalb des Dorfes das beste Wasser des gesamten Jakobsweges zu finden sei. Von weit her kämen die Leute, um von dieser Heilquelle zu schöpfen.

Ich stieß dann tatsächlich auf eine Art Brunnen. Das Wasser kam in einem eher sumpfigen Gelände ebenerdig aus einer Röhre heraus und ergoss sich in einen kleinen Trog, der nicht sehr appetitlich aussah. Ich war mir nicht sicher, ob das nun die Wunderquelle sein sollte oder nicht.

Doch noch bevor ich schöpfen konnte, kam ein Lastwagen samt Anhänger daher und blieb vor der Quelle stehen. Der Chauffeur stieg aus und füllte einige Plastikflaschen mit dem köstlichen Nass. Als sich nach seiner Wegfahrt die Staubwolke wieder legte, wurde ein kleiner Bub sichtbar. Auch er war auf dem Weg zur Quelle, wohl im Auftrag seiner Oma. Er füllte einen schönen Tonkrug mit Wasser und bestätigte mir die Güte der Quelle. Aber sein eigentliches Interesse galt dem Fußballklub Atlético Madrid. Wenn er beim nächsten Match gegen Erzfeind Real nur siegen würde! Ich solle doch bitte die Daumen drücken! Das tat ich doch gerne. Ich hatte ja genug Zeit dafür!

Nun erwartete mich eine überaus schöne Gegend. Der Pilgerweg führte durch eine harmonische, friedliche Landschaft. Ob das auch auf die Mentalität der Leute abfärbte? In der Nähe eines Dorfes, das den schönen Namen Santibáñez trug, war eine Tafel angebracht, wo es sinngemäß hieß: „Lieber Pilger! Die Männer und Frauen von Santibáñez freuen sich, dass du ein paar Schritte auf ihrem Territorium machst, und sie wünschen Dir Gottes Segen für die weitere Pilgerreise."

Ich war tief gerührt. Obwohl ich keinem Dorfbewohner begegnete, strahlte diese Inschrift eine solche Herzlichkeit aus, dass ich mich wie getragen fühlte und mit festem Schritt auf das berühmte Astorga zusteuerte.

Auf einer Anhöhe, die einen Rundblick über die Stadt erlaubte, stieß ich auf ein altes Kreuz. Es erinnerte an einen Mann, der schwer frustriert aus Astorga wegzog und von hier aus noch einmal auf seine Stadt zurückblickte. Es war der dortige Bischof San Toribio. Schwer enttäuscht ob der Verleumdungen und Intrigen gegen ihn, verließ er seine Diözese für immer und soll an dieser Stelle den Staub von seinen Sandalen geschüttelt haben.

Die letzten Kilometer bis in die Stadt hinein begleitete mich ein italienischer Radfahrer, der, als er mich sah, spontan vom Rad stieg und neben mir herlief, einfach so, um ein wenig Gesellschaft zu haben. Wir suchten gemeinsam nach der Herberge und fanden sie in einem großen Schulgebäude. Der Riesenbetrieb bot Platz für über 150 Pilgerinnen und Pilger.

Wir wurden trotzdem sehr persönlich und herzlich begrüßt. Ein sympathischer, vollbärtiger Hospitalero empfing uns, als wären wir die einzigen Ankömmlinge. Nach zehn Stunden Marsch genoss ich diese spontane Herzlichkeit.

Ein Abendspaziergang führte mich über die grandiose Stadtmauer römischen Ursprungs. Es ging an Antonio Gaudís neogotischem Bischofspalast vorbei, der neben der imposanten Kathedrale wie ein Märchenschloss wirkte. Ein letztes Dankgebet beschloss diesen Tag, der in León so schlecht begonnen hatte und jetzt doch noch einen versöhnlichen Abschluss fand.

EINE FACHKUNDIGE DIAGNOSE

29. Juli

Mein Vorsatz, jeden Tag in aller Frühe aufzubrechen, fiel auch am 25. Tag meiner Pilgerreise ins Wasser, denn es wurde 7.00 Uhr, bis ich das freundliche Astorga verließ. Im Mittelalter sorgten hier über 20 Spitäler für eine gastliche Aufnahme der Pilger. Diese mussten in Astorga Kraft und Energie schöpfen, denn nun verließen sie endgültig die flache Meseta, um den Aufstieg zum höchsten Punkt des Jakobsweges unter die Füße zu nehmen.

Ich konnte die gebirgige Etappe kaum erwarten, denn ich bin kein Freund ebener Landschaften. Schon seit Tagen waren im Westen Berge zu sehen, die es nun endlich zu überwinden galt. Doch von einem Aufstieg konnte gar keine Rede sein. Es ging praktisch flach dahin. Nur die Vegetation änderte sich langsam und wurde immer steppenähnlicher. Die weiten Felder bestanden aus einem Gemisch von Gebüschen und Grasflächen, Dornen und Disteln.

Nach etwa 20 Kilometern erreichte ich Rabanal del Camino. Wie so viele andere Ortschaften am Weg wäre auch dieses Bergdorf um ein Haar ausgestorben. Bis auf eine Gastwirtschaft waren alle Häuser und Kapellen des Ortes am Verfallen. Erst mit dem Neuaufschwung des Jakobsweges kam das Leben wieder zurück. Beeindruckend ist, dass alle Gebäude des Dorfes dem Pilgerweg entlang errichtet wurden. Wie stumme Zuschauer stehen sie links und rechts des Weges und begleiten die Pilger zur Kirche hinauf.

Da oben überraschten mich Rucksäcke, die sich in Reih und Glied bis auf die Straße hinaus stauten. Dieses Bild sollte ich nicht zum letzten Mal sehen. Je mehr ich mich dem

Rucksäcke in Reih und Glied: Der Kampf um ein Bett in der Herberge beginnt bereits auf der Straße.

Ziel näherte, umso knapper wurden die Plätze in den Herbergen. Dass an einigen Orten der Kampf um die Betten auch von „frommen“ Pilgern nicht eben zimperlich geführt wurde, konnte ich hier erleben. Es waren nur 19 Plätze zu vergeben, und die Herberge öffnete erst am Nachmittag. Wer Astorga noch in der Nacht verlassen hatte, tat seinen Anspruch auf ein Nachtlager kund, indem er seinen Rucksack einfach vor der Eingangstüre der Herberge deponierte. Diese standen hier alle nacheinander aufgereiht. Kamen neue Pilger an, so begannen sie sofort, die Rucksäcke abzuzählen – „un, dos, tres …". War die Höchstzahl bereits erreicht, gaben sie ihrer Enttäuschung mit einem deutlichen Seufzer Ausdruck. Sie mussten nun in der Mittagshitze weiterziehen, im Freien übernachten oder mit einem teuren Hotel vorliebnehmen. Dank meines Zeltes war ich dieser Sorge glücklicherweise enthoben.

Als ich die Kirche betrat, war ich schockiert. Ein so zerfallenes Gotteshaus hatte ich schon lange nicht mehr gesehen. Kein Verputz mehr da, das Gemäuer voller Risse, Schimmelpilze überall. Und doch. Das saubere Altartuch und die Bänke waren ein deutliches Zeichen, dass der Raum benutzt wurde. Auch lag in der Luft eine einladende Gebetsatmosphäre. Das Rätsel war bald gelöst: Ich stand in einer Klosterkirche! Denn als ich nach meiner Andacht zur Herberge gehen wollte, um den Pilgerpass abstempeln zu lassen, entdeckte ich zu meiner großen Überraschung in einer Nische über dem Portal die Statue des hl. Benedikt. Völlig unerwartet stand ich vor einem Benediktinerkloster! In die Mauer war ein Vers eingelassen, der mir vom Choralgesang her vertraut war: „Seid heilig, spricht der Herr, und ich werde eure Zahl vermehren, damit ihr an diesem Ort für mein Volk betet."

Das Kloster war gerade zwei Jahre alt und von der Erzabtei St. Ottilien (Deutschland) gegründet worden. Es beherbergt eine kleine, internationale Mönchsgemeinschaft. Sie sieht ihre Aufgabe darin, den Pilgern auf ihrem Weg zu einer tieferen Gottesbegegnung zu verhelfen.

Im Klosterladen kann man Ikonen und Rosenkränze kaufen, die in der Klosterwerkstatt gefertigt werden. Wer will, kann drei Tage im Kloster verbringen und am Leben der Gemeinschaft teilnehmen. Pilger, die nach ihrer Ankunft in Santiago einige Tage der Stille wünschen, um die Eindrücke zu verarbeiten, sind hier willkommen. Jeden Abend sind die Pilger um 19.00 Uhr zur lateinischen Vesper eingeladen. Nachher bietet ein Mönch die Gelegenheit zu einem Beichtgespräch an. Der Tag schließt mit dem kirchlichen Nachtgebet und dem Segen über die zahlreichen Pilgerinnen und Pilger.

Ich hätte meine benediktinischen Mitbrüder gerne besucht, aber die Pforte war über Mittag geschlossen. So schrieb ich ihnen einen Gruß und schob den Zettel unter die Tür. „Bete und arbeite!" war der Leitsatz der Mönche hier vor Ort und in meinem Heimatkloster Einsiedeln. Der hl. Benedikt hat in seiner Regel nur Verachtung übrig für Mönche, die herumvagabundieren und keine Ortsbeständigkeit kennen.

Ein solcher Vagabund war ich jetzt als Pilger. Sollte ich ein schlechtes Gewissen haben? Bevor ich Rabanal del Camino verließ, schaute ich nochmals schnell zur Statue des hl. Benedikt hinauf. Vielleicht war es eine durch die Mittagshitze verursachte optische Täuschung: Jedenfalls blickte der Mönchsvater genau in meine Richtung und drückte dabei wohlwollend ein Auge zu.

Für Stunden war ich wieder ganz allein auf meinem Weg. Die Sonne stach immer noch, aber es störte mich nicht. Ich war dankbar, bis zu ihrem Untergang unterwegs sein zu dürfen. Die meisten Pilger verbrachten den Nachmittag in der Herberge und vertrieben sich die Zeit mit Duschen und Waschen, Essen und Trinken, dem Salben der Füße und dem Aufstechen von Blasen. Es wäre mir da furchtbar langweilig gewesen. Ich betrachtete es als großes Privileg, dass ich jeden

Tag bis zum Dunkelwerden auf dem Weg bleiben konnte. Besonders das Abendrot, das mein Gesicht und die mich umgebende Landschaft sanft umfing, hätte ich nie missen wollen. Abend für Abend war alles in eine Atmosphäre des tiefsten Friedens getaucht.

Am späteren Nachmittag erreichte ich das Cruz de Ferro, das Eiserne Kreuz, höchster Punkt des Camino (1504 Meter). Dieser etwa fünf Meter hohe Pfahl ist eines der ältesten Denkmäler des Pilgerweges. Nach alter Tradition bringt jeder Pilger aus seiner Heimat einen Stein mit und legt ihn hier nieder. Er soll, da das Ziel schon nahe ist, alle seine Sorgen und Lasten, die er immer noch mit sich schleppt, hier deponieren. Auf den großen Haufen, der jedes Jahr stetig anwächst, legte auch ich einen kleinen Stein nieder, den ich aus Einsiedeln mitgebracht hatte.

Nun ging es bergabwärts, an verlassenen Gehöften vorbei. Vom fast ausgestorbenen Dorf Manjarín hatte ich schon oft gehört. Die originelle Herberge wurde hier von einem Aussteiger betreut, der seiner Fantasie freien Lauf ließ. Und in der Tat. Alles, was man da antreffen konnte, war urig, alternativ, kindlich und farbig. Holzwegweiser zeigten die Distanzen zu den wichtigsten Zielen der Christenheit an und wollten wohl Mut machen: nach Rom 2475 Kilometer, nach Jerusalem 5000 Kilometer, nach Santiago 222 Kilometer. Ich trat zögernd ein. Ich wollte mich nur schnell umsehen und den originellen Burschen zu Gesicht bekommen. Aber schon im Vorraum der Herberge war alles so verwirrend und chaotisch, dass ich Reißaus nahm, noch bevor ich jemanden antraf.

Wieder auf dem Weg, wurde mir ein großartiger Blick ins Tal gegönnt. Von Weitem war die Stadt Ponferrada zu sehen. Ich war allerdings schockiert, als ich die Rauchschwaden zweier Atomkraftwerke entdeckte. Alles sträubte sich in mir, da hinunterzugehen und stundenlang diese beiden Betonungeheuer vor Augen zu haben. Erst später erfuhr ich, dass die Aufregung fehl am Platze war, denn ich hatte Europas größte Fabrik für Windenergieanlagen mit ihren beiden Kaminen vor mir.

Der Weg hinunter ließ mein Pilgerherz höher schlagen. Die Landschaft, die ich da durchwandern durfte, war einmalig. Der Pfad schlängelte sich durch nicht mehr bewirtschaftete Alpen, wo sich Buschwerk und Stauden breitmachten.

Auf halber Höhe wartete das Dörfchen El Acebo auf mich. Es lag da wie ein Adlerhorst auf einem Felsvorsprung, bestehend aus ein paar alten Steinhäusern. Da die Herberge belegt war, verwies man mich auf ein kleines Seitengebäude, das einem Tessiner Rustico glich. Es war sehr heiß darin, vor allem im oberen Teil, wo sich die Betten befanden. Aber ich war froh, in dieser eher unwirtlichen Gegend überhaupt ein Nachtlager zu haben, ohne erst mein Zelt aufstellen zu müssen.

Lange Zeit blieb ich der alleinige Bewohner. Erst spät am Abend gesellte sich ein junger Spanier zu mir, der fest hinkte und mir sein Leid klagte. Ich tippte sofort auf die mir wohlbekannte Sehnenscheidenentzündung und bot ihm den Rest meiner Salbe an. Es ehrte mich sehr, dass er mich für einen Arzt hielt. Denn er war beeindruckt von meiner klaren Diagnose und dem Umstand, dass ich auch gleich das passende Medikament zur Hand hatte.

Ich klärte ihn auf, dass ich nur dieses eine Leiden kenne und auch nur diese eine Salbe bei mir hätte. Wir lachten über mein medizinisches Allgemeinwissen und beschlossen, mit einem Glas Wein auf meine (hoffentlich richtige) Diagnose anzustoßen. Mit dem Wein kam dann auch der Hunger. Es gab im Wirtshaus eine feine Suppe, bestehend aus Bohnen und Kartoffeln. Dann servierte man uns Kalbsschnitzel auf Kohl gebacken, dazu zwei kleine Würste mit Salat und Pommes frites. Als Nachspeise gab es gebrannte Creme. Und das alles für zehn Euro, ein Liter Wein inbegriffen.

Wir gingen gut gelaunt in unser Steinhäuschen zurück. Inzwischen hatte ein kühler Abendwind die ärgste Hitze aus unserer Behausung vertrieben. Zufrieden und müde legten wir uns nieder und schliefen schon bald ein. Vorher bestürmte ich noch den hl. Lukas, den Patron der Ärzte, dass er entweder meine Diagnose durch eine wunderbare nächtliche Heilung bestätige (wie damals bei mir in Sahagún) oder dass der lädierte Zimmergenosse so lange schlafen möge, bis ich über alle Berge war.

„WENN DAS HERZ DICH DRÄNGT ..."

30. Juli

Als ich erwachte, lag mein spanischer Zimmerkollege noch in tiefem Schlaf. Lautlos packte ich meine Siebensachen zusammen und wollte soeben das Haus verlassen. Im schwachen Schein des anbrechenden Tages überprüfte ich schnell, ob sich in einer Seitentasche noch ein Reservefilm befände. Da traf mich fast der Schlag. Mein Stoffbeutel, in welchem sich der Pass, die Geldscheine und die Kreditkarte meiner Schwester befanden, war verschwunden. Ausgerechnet jetzt, da ich mich auf einen gemütlichen, sorgenfreien Abstieg Richtung Ponferrada freute!

Minutiös nahm ich alle Dinge wieder aus dem Rucksack und breitete sie auf dem Boden aus. Vergeblich. Wo nur hatte ich diesen Stoffbeutel das letzte Mal in den Händen gehabt? Oder war er mir während der Nacht gestohlen worden? Vor dem Einpacken schüttelte ich nochmals alles durch. Und siehe da. Das Vermisste flog plötzlich durch ein Fenster auf die Straße hinaus. Erleichtert und frohgemut las ich den Beutel auf und nahm den Abstieg in Angriff.

Nach verschlungenen Feldwegen musste ich für längere Zeit auf einer Landstraße laufen. So spähte ich sehnsüchtig nach einer Abkürzung. Als die Straße eine weite Linkskurve machte, lief ich kurzerhand querfeldein, um etwas Zeit einzusparen. Ich war erstaunt, dass vor mir anscheinend noch niemand auf diese gute Idee gekommen war.

Jedoch: Genau in der von mir geschnittenen Linkskurve bog ein alter, romantischer Fußweg rechts nach Molinaseca ab. Den verfehlte ich natürlich. So befand ich mich nun für Stunden auf der harten, geteerten Landstraße, die in nicht enden wollenden, weit ausgezogenen Kurven die Autos und Lastwagen ins Tal hinunterbrachte. Das dornenbespickte Gebüsch ließ keinerlei Abkürzungen zu. Es war zum Verzweifeln. Ich machte mir heftige Vorwürfe. Aber dann sah ich ein, dass das nichts brachte. Es kamen mir Predigten in den Sinn, in denen ich die Leute aufgefordert hatte, sich selbst anzunehmen, ihre Schwächen und Fehler zu bejahen, gut zu sich selber zu sein. Nun galt es, das Gepredigte bei mir selbst anzuwenden.

Ich begann wieder zu singen. Der Straßenbelag blieb zwar hart, und die langgezogenen Kurven wurden nicht kürzer, aber allmählich stellte sich die Freude wieder ein. Als die ersten Häuser von Molinaseca sichtbar wurden, war alles vergessen, und ich betrat dankbar eine kleine Kapelle.

Bald kam ich nach Ponferrada. Etwas ungläubig und perplex stand ich vor der gewaltigen Templerburg, dem schönsten und ältesten Bauwerk spanischer Militärarchitektur. Gleichzeitig beschlichen mich zwiespältige Gefühle angesichts dieser kirchlichen Machtdemonstration, waren doch die Templer ein damals höchst umstrittener und geheimnisumwitterter Orden. So schnell wie möglich verließ ich die Stadt mit ihrer Geschäftigkeit und ihrem Lärm.

Nach einigen Stunden traf ich in Villafranca del Bierzo ein. Dieses Städtchen wird mir immer in bester Erinnerung bleiben. Es war nicht nur die schöne Lage am Eingang des Valcarcetales, durch welches der Pilger auf seinem Weg nach Santiago weiterzieht. Auch nicht einfach die romanische Santiagokirche und seine herrliche Burg. Nein, es war eine ganz eigene Atmosphäre der Stille und des Friedens, die mich hier faszinierte. Ich hätte mir gut vorstellen können, an diesem Ort meine Pilgerreise zu beenden. Erst später las ich, dass Villafranca del Bierzo tatsächlich für manche Pilger Endstation ihres Jakobsweges war. Denn der spanische Papst

Calixtus III. hatte dieser Stadt für die kranken oder ermatteten Pilger, die ihre Reise nicht mehr zu Ende führen konnten, einen außerordentlichen Jubiläumsablass gewährt, der die gleiche Wirksamkeit gehabt haben soll wie jener, den man in Santiago am Grab des Apostels erlangen konnte.

Bei einer Jakobusstatue am Rande der Stadt fand ich einen Spruch, der meine Empfindungen über die Besonderheit dieses Ortes bestätigte: „Ist es der liebe Gott, der dich antreibt, Pilger? Oder ist es die Kunst, die Geschichte, die Poesie? Dann soll Villafranca del Bierzo das Ende deines Weges sein. Falls jedoch dein Herz dich drängt, weiterzuziehen: Nun, dann, Pilger, auf nach Compostela! Denn der Himmel Galiziens ist schon ganz nahe." Ich gehörte eindeutig zu jenen Pilgern, deren Herz ungestüm nach Galizien drängte!

Der Weg führte nun durch ein enges Tal. Da wähnte ich mich plötzlich in einem schlechten Film. Völlig unerwartet, wie aus dem Nichts, schoss ein Ungeheuer von einer Autobahn aus einem Berg heraus und zog eine Schneise von Lärm, Unrast und landschaftlicher Zerstörung durch das liebliche Tal. Ich hatte keine Ahnung, woher sie kam und wohin sie ging. Plötzlich war sie wieder verschwunden, wie vom Erdboden verschluckt.

Es wurde Abend, und ich näherte mich einem Dörfchen namens Pereje, wo ich eine Herberge vermutete. Hier wollte ich die Nacht verbringen. Im Schlafraum waren die Betten eines an das andere gereiht. Es schliefen also alle nebeneinander. Das Bett zu verlassen, war somit nur über das Fußende möglich, was sich für die kommende Nacht in meinem Fall als ungünstig erweisen sollte.

Ich bereitete mein Bett vor. Links und rechts von mir taten zwei junge Frauen dasselbe. Die eine von ihnen war die letzten paar Kilometer bis zur Herberge immer vor mir hergelaufen. Ich hatte sie nie zu überholen vermocht. Mit kurzen, eleganten Schritten und noch eleganterem Outfit tänzelte sie mit einem ganz kleinen Rucksack Santiago entgegen.

Als unmittelbare Bettnachbarn kamen wir ins Gespräch. Ich wollte gerne wissen, woher sie käme und was sie so täte. Sie ließ mich drei Mal raten. Da sie einerseits hervorragend deutsch sprach, andererseits aber recht spanisch aussah, das heißt in diesem Fall außergewöhnlich hübsch war, tippte ich auf erstens: spanische Reiseführerin, zweitens: Stewardess bei der Airline Iberia und drittens: Aerobic-Tanzlehrerin in Madrid. Doch es war alles falsch. Sie entpuppte sich als portugiesische Zahnärztin.

Für das, was sich in den folgenden Stunden abspielen würde, wäre mir allerdings eine andere medizinische Fachrichtung lieber gewesen. Als für die Nacht alles bereitlag, kehrte ich in ein kleines Gasthaus ein und bestellte eine Portion Tortellini. Die dampften zwar, aber es fiel mir beim Essen auf, dass ich ab und zu eiskalte Stücke im Mund hatte. Ich führte es darauf zurück, dass das Besteck vielleicht im Eisschrank gelegen hatte. Die Wahrheit aber war wohl, dass die fleischgefüllten Teigwaren schon ein paar Mal aufgewärmt und wieder eingefroren worden waren.

An diesem Abend kroch ich schon früh in den Schlafsack, noch vor meinen beiden Nachbarinnen. Gegen 23.00 Uhr wurde ich aber jäh aus dem Schlaf gerissen, schweißgebadet und mit rasendem Bauchweh. Es war mir hundeelend. Ich kroch so schnell wie möglich an das Ende des Bettes, um dann im Laufschritt die Toilette zu erreichen. Ich hoffte, mich übergeben zu können. Aber es tat sich nichts. So kehrte ich in den Schlafsaal zurück und legte mich wieder zwischen die beiden schlafenden Damen.

Kaum war eine Minute verstrichen, da begann mein Magen erneut zu rumoren. Er glich einem Vulkan kurz vor dem Ausbruch. Schnell kroch ich wieder an den Rand der Bettstatt und stürmte auf die Toilette. Wieder nichts. Nach einer Viertelstunde ging ich in den Schlafsaal zurück, suchte im Rucksack nach einem leeren Plastiksack und legte ihn griffbereit neben mich hin.

Aber was wäre passiert, wenn ich mich mitten in diesem großen Schlafraum hätte übergeben müssen? Die schlaftrunkene Pilgerschar wäre aus dem Raum geflüchtet und hätte sich nicht mehr hineingewagt. Und ich wäre im Durcheinander wohl in die dunkle Nacht hinaus geflohen. Nein, das durfte nicht geschehen.

So beschloss ich, den Rest der Nacht an jenem Ort zu verbringen, den man in überfüllten Herbergen normalerweise nach dem verrichteten Geschäft möglichst schnell wieder verlässt. Da harrte ich also nun für einige Stunden aus.

Betrat jemand die Toilette, so tat ich, als sei ich soeben fertig geworden und bewegte mich Richtung Schlafsaal. War wieder alles still, so kehrte ich zur Toilette zurück, um mal sitzend, mal stehend, mal angelehnt, mal patrouillierend den Morgen zu erwarten. Es gibt wohl wenige Räume auf dem Jakobsweg, deren Ausstattung mir so im Gedächtnis geblieben ist wie das Klo von Pereje.

UNENDLICH „BEFREIT"

31. Juli

Um 4.00 Uhr endlich hörte ich, wie sich etwas tat und die Tür der Herberge geöffnet wurde. Eilends packte ich meine Sachen zusammen und trat in die kühle Nacht hinaus. Mein Körper war immer noch heiß und fiebrig, und es war mir weiterhin kotzelend. Aber die frische Morgenluft tat gut. Auf meine beiden Stöcke gestützt, humpelte ich wie ein gebückter Alter einsam durch die Nacht, ohne zu wissen, wie weit ich kommen würde. Immer wieder blieb ich stehen in der Hoffnung, dass sich endlich die Erlösung ankündigen würde. Aber ich hatte nicht mehr die Kraft, das Unvermeidliche selber in die Wege zu leiten. Nach den fehlgeschlagenen Versuchen während der Nacht taten mir Rachen und Speiseröhre zu sehr weh.

Ich tastete mich einer kleinen, kurvigen Landstraße entlang, die gänzlich im Dunkeln lag. Wie die Taschenlampe eines Diebes, so näherten sich ab und zu Autoscheinwerfer, die in der Ferne mal dies, mal jenes gespensterhaft beleuchteten. Plötzlich traf dann das gleißende Licht für Sekunden mein Gesicht, um im gleichen Augenblick wieder zu verschwinden und mich geblendet im Dunkeln stehen zu lassen.

Als die Sonne aufging, mündete mein Weg plötzlich in einen riesigen Parkplatz. Die Autobahn war wieder da, wie aus dem Nichts aufgetaucht, und spie unzählige Fahrzeuge auf diese trostlose Teerwüste. Gemeinsames Ziel aller Chauffeure war das Restaurant. Verwirrt befand ich mich plötzlich in einer völlig anderen Welt. Es gab keine Wegmarkierung mehr.

In der unfreundlichen Autobahngaststätte herrschte ein hektisches Kommen und Gehen. Ich gönnte mir, ohne die Meinung meines havarierten Magens einzuholen, eine Tasse Kaffee. Das Resultat ließ nicht lange auf sich warten. Kaum hatte ich das Lokal verlassen, standen alle Zeichen auf Sturm. Ringsum von Chauffeuren und Fahrzeugen umgeben, suchte ich verzweifelt nach einem geeigneten Ort für das, was kommen wollte.

Hinter einer Garage entdeckte ich einen kleinen, steilen Weg. Drohendes Hundegebell konnte mich nicht davon abhalten, dort hinaufzustürmen. Ich erreichte einen verlassenen Friedhof. Es gelang mir gerade noch, seine verrostete Tür einzudrücken und mich hindurchzuzwängen. Eine hässliche Mauer mit Grabnischen, verwahrlost und ausgeraubt, bot ein trostloses Bild. Auf dem überwachsenen Boden lag nur eine einzige, verwitterte Grabplatte, deren Inschrift ich nicht entziffern konnte. Ich legte mich der Länge nach auf sie, nicht ohne zuerst die hier begrabene Person, oder was von ihr übrig geblieben war, für den frevelhaften Missbrauch ihrer letzten Ruhestätte um Verzeihung zu bitten. Ich wälzte mich mal nach links, mal nach rechts. Und endlich trat, schmerzhaft und doch befreiend, das ein, worauf ich so lange hatte warten müssen. Hernach fühlte ich mich zwar halbtot und elend, aber auch unendlich befreit. Ich verließ den Friedhof, nicht ohne den Toten für die Gastfreundschaft zu danken und ihnen nach dieser Störung wieder die ewige Ruhe zu wünschen.

Auf dem Parkplatz hatte keiner bemerkt, was sich 20 Meter weiter oben für ein Drama abgespielt hatte. Nun galt es, nach den gelben Markierungen zu suchen. Schon bald fand ich den Anschluss wieder und mit ihm auch den vertrauten Rhythmus meiner Schritte. Die Krise, die mich ins Elend geworfen und fast zur Heimkehr gezwungen hatte, war überwunden.

Ich verzichtete vorläufig auf jedes Essen. Deutlich spürte ich, wie meine Kräfte langsam zurückkehrten. Das war wichtig, denn der Aufstieg zum Cebreiro stand bevor.

Dieser Wallfahrtsort geht auf die Anfangszeit des Jakobsweges zurück. Im wunderschönen Kirchlein mit dem Grundriss einer Basilika sind noch vorromanische Elemente zu bewundern. Die Statue der Madonna aus dem 12. Jahrhundert ist am Fest Mariä Geburt das Ziel zehntausender Wallfahrer. Auch werden hier ein Kelch und eine Patene verehrt, die nach frommer Überlieferung Zeugen eines Wunders gewesen sind. Ein Priester, der dem Geheimnis der Eucharistie skeptisch gegenüberstand, verachtete insgeheim einen kleinen Bauern, der sich trotz eines Schneesturms zur heiligen Messe geschleppt hatte. Und siehe da: Bei der Wandlung sollen sich Brot und Wein auf dem Altar in Fleisch und Blut verwandelt haben.

Ich hielt es in der Kirche nicht lange aus. Ich hatte nur einen unbändigen Wunsch: zu schlafen. Nach allem, was hinter mir lag, konnte ich mich kaum mehr auf den Füßen halten und gähnte ununterbrochen. So suchte ich eine windgeschützte, schattige Hausmauer und versank dort in einen zweistündigen, tiefen Schlummer.

Doch die Sonne war unterdessen nicht untätig geblieben. Ich erwachte, von ihr geblendet und schweißgebadet. Beim Dorfbrunnen wusch ich mich, aß und trank und nahm in der Kraft dieser Speise frohgemut den Abstieg unter die Füße. Ein wunderbarer Blick in die unendliche Weite des grünen Galizien entschädigte mich für den harten Bodenbelag.

Als ich das Dörfchen Hospital da Condesa durchschritt, erblickte ich im Gegenlicht der Sonne etwas, das mich erstarren ließ. Eine alte Frau saß vor ihrem Haus und warf einem Hund, der etwa zwei Meter entfernt dalag, mehrere Male etwas zu. Als er nicht reagierte, erhob sich die Alte mühsam und ging einige Schritte auf den Hund zu. Zu meinem Schrecken war ihr Kopf aber an einer Art Leine angebunden.

Als die Schnur sich straffte, torkelte die Frau rückwärts und fiel recht unsanft auf ihre Sitzbank zurück. Mir graute davor, an ihr vorübergehen zu müssen, aber es gab keine Alternative. Diesmal hatte ich nicht Angst vor dem Hund, sondern vor dieser Alten, die man wohl zu Hause belassen und angebunden hatte, statt sie in die Psychiatrie einzuweisen.

Ich wollte so schnell wie möglich zwischen Hund und Frau durchschlüpfen. Doch während mich der Hund keines Blickes würdigte, sprach mich die Alte zu meiner Überraschung sanft an und lud mich zum Sitzen ein. Da erst erkannte ich, was los war. Und schämte mich zutiefst. Denn die Arme hatte einen Schlauch in der Nase, weil sie an Atembeschwerden litt. Die dazugehörende Sauerstoffflasche befand sich aber im oberen Stock des Hauses, und so war der Aktionsradius der Oma durch den Verbindungsschlauch stark eingeschränkt.

Ich setzte mich neben sie. Die wenigen Minuten auf dieser Bank gehören zum emotional Stärksten, das ich auf dem Jakobsweg erlebte. Es war, als ob wir uns schon lange kannten und eine glückliche Fügung uns endlich wieder zusammengebracht hatte. Sie erzählte aus ihrem Leben. Was genau, das verstand ich nicht. Zwischen zwei Pausen, als sie wieder einmal nach Luft rang, stellte ich ihr eine Frage, um mein Interesse an ihrem Schicksal zu bekunden. Ich formte einen Satz aus Bestandteilen mir bekannter romanischer Sprachen. Dem Ganzen verpasste ich noch einen iberischen Hauch, indem ich beim Aussprechen des „ción“ die Schaufelzähne leicht auf die Mitte der Zunge drückte, die Lippen gleichzeitig nach vorne schob und etwas Luft durchpresste. Das Ganze tönte etwa so: „Ha problema de respiración? – Haben Sie Probleme mit der Atmung?“

Unglaublich, aber sie verstand! Da sie nun annehmen konnte, dass ich des Spanischen mächtig war, erzählte sie munter weiter und weiter. Nur ab und zu, wenn ich annahm, es sei passend, nickte ich mit dem Kopf oder murmelte „si – ja“ oder „si, si“ oder gar „muy bién, muy bién! – sehr gut, sehr gut!“

Und ich versprach, sie beim Rückweg wieder zu besuchen. Aber es sollte wohl nicht sein. Als ich zurückkehrte, saß sie nicht mehr vor dem Haus. Nur der Hund lag immer noch da und schnappte nach den Fliegen, die ihn beim Schlafen störten.

Bevor es nach Triacastela hinunterging, wo ich übernachten wollte, galt es noch, den Alto do Poio zu überwinden. Ein Stück vor der Passhöhe stieß ich auf eine bronzene, überlebensgroße Statue des hl. Jakobus im Pilgergewand, der, seinen Hut festklammernd, dem Sturm zu trotzen versuchte. Als ich ihn näher besehen wollte, entdeckte ich zu meiner Freude, dass er die gleichen Sandalen trug wie ich. Also war aus mir doch ein richtiger Jakobspilger geworden. Nicht nur äußerlich dem hl. Jakobus immer ähnlicher, sondern auch innerlich: ausgeglichen und genügsam, geduldig und durch nichts mehr aus der Fassung zu bringen.

Es gab am Pass ein Wirtshaus, vor welchem ein Getränkeautomat stand. Ich warf die geforderten zwei Euro ein. Aber nichts regte sich. Auch ein paar grobe Faustschläge zeigten keinerlei Wirkung.

Leicht gereizt betrat ich das Lokal und reklamierte bei der Serviertochter. Die zog ihre Mundwinkel hinunter, hob ihre Schultern hoch, und in ihrem Blick war zu lesen: Das ist mir doch völlig egal!

Energisch verlangte ich mein Getränk, für welches ich ja bezahlt hatte. Oder Geld zurück! Sie hörte gar nicht hin, kehrte mir den Rücken zu und machte sich an etwas anderem zu schaffen. Als ich hartnäckig blieb, nahm sie eine Dose aus dem Kühlschrank und schob sie mit einem wuchtigen Stoß über den ganzen Ladentisch zu mir hin. „Dos Euro!", forderte die Unverschämte in frechem Ton.

Wütend stieß ich meinerseits das Getränk wieder in ihre Richtung und verließ das Lokal mit einem schweizerdeutschen Kraftwort, das, wenn nötig, international verstanden werden kann. Draußen schlug ich nochmals auf den vermaledeiten Automaten, der mich um zwei Euro betrogen hatte, ohne meinen Durst zu stillen.

War das also der Pilger in den Schuhen des hl. Jakobus, der zu innerer Harmonie gefunden hat, den nichts mehr bewegen kann, der abgehoben über dem alltäglichen Kleinkram schwebt? Schon zwei läppische Euro hatten mich aus der Bahn geworfen!

Doch es tröstete mich, dass ich immer noch unterwegs war. Bis Santiago blieb noch etwas Zeit, ein echter Pilger zu werden.

Gewiss, bei der Serviertochter konnte ich mich wegen meines Betragens nicht mehr entschuldigen. Aber ich war sicher, dass der liebe Gott ihr heute noch einen Pilger vorbeischicken würde, der schon etwas abgeklärter war als ich.

Bald traf ich in Triacastela ein, wo ich im Schutz der Herberge mein Zelt aufschlug. Um mich herum lagen grüne, saftige Wiesen, so weit das Auge reichte. Der üppigen Vegetation nach zu schließen gab es keinen Zweifel mehr, dass ich in Galizien angekommen war. Und Santiago war nicht mehr fern!

NEUES UNGEMACH

1. August

Wie gut man im Grünland Galiziens schläft! Ich wachte erst auf, als die Sonne ihre Strahlen durch das Zeltdach warf, das vom nächtlichen Tau ganz feucht war. So musste ich bis 10.00 Uhr warten, bis die wärmende Sonne alles getrocknet hatte.

Gleich am Dorfausgang von Triacastela teilt sich der Jakobsweg. Ich konnte in südlicher Richtung weitergehen, am berühmten Kloster Samos vorbei, oder über San Xil. Beide Wege waren etwa gleich lang und beide vereinten sich wieder bei der Stadt Sarria.

Eigentlich hätte es einen Benediktiner automatisch zum Kloster Samos ziehen sollen. Aber San Xil hatte es mir angetan. Was für ein Name! Die drei Buchstaben (XIL) gleichen drei römischen Zahlen. Der Name selber riecht nach griechischem Holz („denn xylos" bedeutet auf Griechisch „Holz", von daher kommt der Name „Xylophon", spanisch „Xilofono"). Ob der heilige Xil etwas mit Holz zu tun hatte? Vielleicht hatte er hier in einem hohlen Baumstamm gelebt? Dieses Dorf San Xil musste ich auf jeden Fall sehen! So entschied ich mich für die nördliche Variante: Kastanien, Eichen und Pappeln waren auf diesem einsamen Wegstück meine Begleiter.

Mitten in einem Wäldchen traf ich eine Gruppe Arbeiter, die einen Pilgerbrunnen wieder instand setzten. Er bestand aus einer überdimensionierten Jakobsmuschel. Sie waren stolz, als ich ihnen mit einfachen Worten für ihre Arbeit im Dienst der Pilger dankte. Sie luden mich ein, als Erster vom wieder frisch sprudelnden Wasser zu trinken und teilten mit mir ihre Jause. Gestärkt zog ich weiter und sang vor mich hin, wie das immer der Fall war, wenn ich mich glücklich fühlte.

Ich konnte aber auch andere Töne von mir geben, besonders dann, wenn ich ein Tier entdeckte, dessen Aufmerksamkeit ich auf mich lenken wollte. Ich versuchte mich dann im Nachahmen von Tauben, Katzen, Schafen oder Rindviechern. Bei Letzteren verbuchte ich es als persönlichen Erfolg, wenn ich durch mein Brüllen erreichte, dass die Tiere mit dem Fressen aufhörten und alle ohne Ausnahme zu mir herschauten.

Als ich nach einem längeren Waldstück in eine Lichtung hinaustrat, weideten dort fünf Kühe. Ich holte kräftig Luft und ließ ein überzeugendes, breit gedehntes „Muuh" hören. Der Erfolg war überwältigend. Gleich Synchronschwimmerinnen, die exakt miteinander aus dem Wasser gucken, erhoben alle Kühe gemeinsam ihren Kopf aus dem Gras und schauten in meine Richtung. Leider fühlten sich auch noch andere Wesen von meinem Gebrüll angesprochen. Denn es ging ein wütendes Gebell los. Drei große Hunde rasten über die Wiese direkt auf mich zu. Ich hatte schon immer Angst vor Hunden. Zwar höre ich von Hundehaltern immer wieder die beschwichtigenden Worte: „Der macht nichts." Aber nichtsdestotrotz hat mich einmal ein Boxer in die Wade gebissen, wie ich als Bub bäuchlings auf einem Schlitten lag, den mein Vater hinter sich herzog. Diese Begebenheit ist bei mir tief ins Unterbewusste hinabgerutscht und dort auch liegen geblieben.

Fliehen machte in dieser Situation keinen Sinn. So blieb ich einfach stehen und ließ die Bestien heranstürmen. Ich hatte ja Gott sei Dank die beiden Stöcke bei mir, vor denen selbst große Hunde Respekt haben. Ich stand zum Kampf bereit wie ein alter Eidgenosse angesichts des heranrückenden Habsburgerheeres.

Schon wieder so ein Kläffer! Jetzt liegt er friedlich da, vorher wollte er mich zu Boden werfen.

Aber da erschallte plötzlich ein heller, gebieterischer Ruf. Die Hunde reagierten sofort und kehrten augenblicklich um. Da wurde mir bewusst, was eine Frauenstimme zu bewirken vermag, wenn sie zum richtigen Zeitpunkt am richtigen Ort in der richtigen Lautstärke ertönt.

Erst jetzt entdeckte ich eine alte Frau am Wegrand. Zu ihren Füßen lagen, kaum mehr wiederzuerkennen, die drei Hunde, die mir noch kurz zuvor ans Lebendige wollten. Trotz dieser Idylle wäre es mir lieber gewesen, ich hätte einen anderen Weg einschlagen können.

Ich nahm allen Mut zusammen und schritt, mit einer Art militärischen Grußes, selbstsicher an ihnen vorbei. Lachend schaute mich die Hirtin an und begann einen Schwatz, glücklich über die unverhoffte Abwechslung in ihrem eintönigen Alltag. Die Hunde würdigten mich keines Blickes, was mir recht war.

Als ich schließlich weiterzog und die Hundegeschichte gerade vergessen wollte, kam mir im nächsten Dorf schon wieder so ein Kläffer entgegen, obwohl ich nicht provoziert hatte. Immerhin ließ die Andeutung eines kräftigen Hiebes den Störenfried sofort mit eingezogenem Schwanz das Weite suchen.

Es gab auch Hunde, die ich mochte. Es waren jene, die in Gärten eingesperrt waren und zähnefletschend die Vorübergehenden anbellten. Da blieb ich durchaus gerne etwas stehen und schaute aus nächster Nähe ihrer blinden Raserei zu, die sich erst legte, wenn ich ihnen etwas von meinem Picknick zum Fressen gab.

In Sarria angekommen, genehmigte ich mir wieder einmal ein bescheidenes Mahl. Es war ja der 1. August, der schweizerische Nationalfeiertag. Ich verzichtete allerdings darauf, die Nationalhymne zu singen, um jede neue Provokation zu vermeiden.

Die folgende Strecke nach Portomarín war sehr angenehm, voller romantischer Wege, meist umsäumt von verschiedenen Baum- und Straucharten, dann wieder Weideflächen, eingefriedet mit den typischen, auf keltische Tradition zurückgehenden Schieferplatten.

Alles war so friedlich. Ich rechnete damit, in einer Stunde in Portomarín zu sein. So bliebe noch Zeit, im dortigen Stausee zu baden und die wuchtige Wehrkirche San Nicolás zu besichtigen, die dem See weichen musste, um weiter oben einen neuen Platz zu finden.

Außer der Geschichte mit den Hunden war heute nichts Außergewöhnliches passiert. Endlich ein ruhiger, sorgloser Tag – wenn nicht dieser verwünschte Vogel gewesen wäre.

Seit geraumer Zeit verfolgte mich nämlich ein hartnäckiges Rotkehlchen. Es flog von Gebüsch zu Gebüsch und wollte immer auf gleicher Augenhöhe mit mir sein. Blieb ich stehen, blieb auch der Vogel stehen, zog ich weiter, so flog auch er weiter. Oft war er mir so nahe, dass ich ihn fast berühren konnte. Ich hatte nur einen einfachen Fotoapparat bei mir, nicht-digital, ohne Zoom. Ich nahm ihn aus dem Rucksack und schoss aus einem Meter Entfernung ein Bild von meinem kleinen Begleiter. Irgendwann hatte er das Spiel dann satt und flog davon.

Kurz bevor ich in Portomarín einzog, wollte ich noch etwas trinken. Da entdeckte ich zu meinem Entsetzen, dass die Seitentasche des Rucksacks offen geblieben war. Die Kamera war zwar noch drin. Aber es fehlte der Stoffbeutel mit dem Geld, mit der Telefonkarte, den Briefmarken, dem Schweizer Pass und dem Schweizer Sackmesser. Und das am 1. August, dem Nationalfeiertag! Alles Suchen und Durchwühlen war vergeblich. Sofort verflog meine gute Stimmung. Ich war wie gelähmt. Es gab keinen Zweifel mehr: Ich hatte meine Sachen beim Fotografieren des Rotkehlchens verloren. In dem Falle aber mussten sie gut sichtbar am Weg liegen. Das beruhigte mich. Ich brauchte also nur auf den nächsten Pilger zu warten, der würde mir das Verlorene schon bringen.

Endlich tauchte eine italienische Gruppe auf. Aber die hatten auf dem Weg nichts gesehen. Als nun längere Zeit niemand mehr kam, lief ich etwa eine Stunde lang bis zu jener Stelle zurück, wo ich den Vogel fotografiert hatte. Vergebliche Mühe. So beschloss ich, mich wieder auf den Weg nach Portomarín zu machen, um noch vor Einbruch der Nacht dort zu sein.

Ich versuchte mir einzureden, dass alles nur halb so schlimm sei, dass es auf dieser Welt noch ganz andere Probleme gäbe, dass Pass und Geld ja nur Papier wären, usw.

In meinem Kopf aber, der im Laufe der Pilgerreise, wie ich mir eingebildet hatte, leer und bedürfnislos geworden war, ging es drunter und drüber. Wo nur hatte ich den Pass verloren? Wo war er jetzt? Wer hatte ihn? Was sollte ich dem Schweizer Zöllner sagen, der an der Grenze meine Papiere sehen wollte? Ich versank in Selbstmitleid. Ausgerechnet am Nationalfeiertag war ich zu einem „Sans-papiers“ geworden, einem Ausländer ohne Papiere und Identität.

„Hör doch endlich auf“, sagte ich mir dann wieder, „dich mit Bootsflüchtlingen zu vergleichen!“ Aber alles gute Zureden nützte nichts. Ich war damals von Einsiedeln aufgebrochen, um auf dem Jakobsweg bescheidener, ja arm zu werden. Aber so hatte ich mir die Armut nicht vorgestellt. Vor allem störte es mich, dass ich mir das selber eingebrockt hatte. Es war diese verflixte Inkonsequenz beim Einpacken und Verschließen des Rucksacks. Denn ich schob die Sachen mal dahinein, mal dorthinein, statt sie konsequent immer am gleichen Ort zu verstauen. Oft hatten mich Mitpilger darauf hingewiesen, dass bei meinem Rucksack noch dieser oder jener Reißverschluss offen sei.

Ich war eindeutig selber schuld. Darum wollte ich den hl. Antonius nicht herbeibemühen. Der konnte ja nichts für meine Schlamperei.

In der Herberge erzählte ich mein Missgeschick dem dortigen Hospitalero, der solche Geschichten wohl schon dutzende Male gehört hatte. Er schrieb meinen Namen und die verloren gegangenen Dinge teilnahmslos auf einen Zettel und schob diesen gelangweilt in irgendeine Schublade.

In Portomarín herrschte striktes Zeltverbot, und so musste ich in der Herberge übernachten. Ich fand keine Ruhe. Als mitten in der Nacht Stimmen aus der Küche heraufdrangen, stieg ich hinunter und bat die dort Anwesenden in französischer Sprache, für mich eine Verlustmeldung auf Spanisch zu verfassen. Ich wollte den Zettel noch in der gleichen Nacht am Rande des Weges hinlegen, um auf das Verlorene hinzuweisen. Als endlich alles geschrieben war, entpuppten sich meine Übersetzerkollegen als Deutsche. So gab es in dieser Nacht wenigstens noch etwas zum Lachen.

Ich nahm den Text und lief um Mitternacht im Schein meiner Taschenlampe etwa einen Kilometer zurück. An einer passenden Stelle legte ich das Blatt, mit Steinen beschwert, in der Mitte des Weges nieder.

In den Schlafraum zurückgekehrt, fand ich innerlich doch noch etwas Ruhe. Es kam mir der Psalm 55 in den Sinn, wo es heißt: „Wirf deine Sorge auf den Herrn, er hält dich aufrecht." Aber dieser Psalmvers ging im sorgenfreien Chorgestühl des heimatlichen Klosters leichter über die Lippen als im fernen Galizien. Eine Zeit lang stritten Herz und Hirn noch miteinander, bis die Müdigkeit obsiegte und der Schlaf für einen Moment alles zudeckte.

„DANN BETE FÜR ELENA!"

2. August

Es war noch völlig finster, als knisternde Geräusche und der huschende Schein von Taschenlampen mich weckten. Einige Pilger waren schon daran, ihre Siebensachen einzupacken, um noch im Dunkel der Nacht aufzubrechen. Ich wäre gerne wieder eingeschlafen, aber der Verlust meines Passes nahm mich so gefangen, dass es gar keinen Sinn hatte, länger im Bett zu bleiben. So gesellte ich mich ausnahmsweise zu den Frühaufstehern. Um 5.30 Uhr stand ich abmarschbereit unter der Tür.

Als drei junge Männer aus der Herberge traten, denen der Weiterweg scheinbar vertraut war, folgte ich ihnen, ohne mich ihnen direkt anzuschließen. Der Mittlere überragte die beiden anderen deutlich. Mal tauschten sie ihre Gedanken aus, dann wieder schwiegen sie. Hie und da blieben sie auch stehen. Es schien, als ob ein gedanklicher Austausch im Stehen eindringlicher geschehen konnte als im Gehen.

Ich weiß nicht, worüber sie sprachen. Aber die Art und Weise, wie sie es taten, war intensiv und strahlte eine große Ruhe aus.

Es war mir plötzlich, als ob sich vor meinen Augen die Geschichte von Emmaus wiederholen würde: Wie sie da miteinander sprachen, wie sie wieder stehen blieben, wie sie aufeinander eingingen, in lebendigem Austausch. Und vielleicht würden sie am Abend, wenn der Tag sich neigte, auch das Brot miteinander brechen? – Ich weiß es nicht. Irgendwo im Nebel verlor ich sie dann aus den Augen.

Der anbrechende Morgen bot ein Schauspiel, wie ich es bisher auf dem Weg noch nie erlebt hatte. Alles war in einen geheimnisvollen Nebel eingetaucht. Die Bäume und Büsche hoben sich schemenhaft vom milchigen Schleier ab. Entlang des Weges hingen die tauperlengesäumten Kunstwerke der Spinnen, die in ihren Verstecken geduldig warteten, bis ihre Fangnetze durch die Wärme der Sonne getrocknet und somit wieder brauchbar würden. Es war eine in jeder Beziehung märchenhafte, fast unwirkliche Stimmung.

Die Vegetation, in Galizien regenverwöhnt, brachte üppige Farne und Moose hervor. Sie umsäumten links und rechts die Wege, die oft die Form von hohlen Gassen annahmen. Ab und zu kam eine Bäuerin daher, die alle Hände voll zu tun hatte mit ihren widerspenstigen Kühen. Denn diese konnten es nicht lassen, sich immer wieder zur Linken und Rechten an den Grasbüscheln gütlich zu tun, statt direkten Kurs auf den Weideplatz zu nehmen.

Auf einem solchen Weg traf ich eine alte Frau, die mühsam an Krücken ging. Mit offenen Schuhen kam sie daher, wohl nicht mehr fähig, die Schuhbändel selbst zu schnüren. Ich blieb stehen, grüßte sie freundlich und erkundigte mich nach ihrem Befinden. Sie freute sich ob der unverhofften Gelegenheit, von ihrer Hüftoperation zu erzählen und von der leider nur zögerlichen Rekonvaleszenz. Dann erkundigte sie sich nach meiner Nationalität. Ich sagte ihr, dass ich Schweizer sei, dies aber im Moment nicht beweisen könne, da ich meinen Pass verloren hätte. So bot sie mir eine willkommene Plattform an, meine ärgerliche Passgeschichte, die mich innerlich noch immer sehr beschäftigte, jemandem anzuvertrauen. Voller Anteilnahme hörte sie zu.

Beim Abschied drängte es mich, ihr etwas zu schenken. Viel war aber nicht mehr vorhanden seit dem gestrigen Verlust meines Bargeldes. Ich kramte da und dort einige Münzen hervor, die sich irgendwann einmal in die verschiedenen Taschen verirrt hatten. So brachte ich fünf Euro zusammen, die ich ihr überreichte. Sie steckte sie dankbar in ihre Schürze. Dann sagte sie, sie wolle mir auch eine Freude bereiten. Mit einem verschmitzten Lächeln holte sie das Geld wieder hervor, übergab es mir und sagte: „Wenn du in Santiago ankommst, dann zünde für Elena eine Kerze an und bete für sie um eine gute Sterbestunde." Das versprach ich ihr.

Endlich näherte ich mich dem Städtchen Palas de Rei. Hier wollte ich die Nacht verbringen. Aber vor der Herberge stauten sich bereits Dutzende von Rucksäcken. So zog ich es vor, nach einer kleinen Stärkung weiterzuziehen.

Bald holte ich eine Person ein, die von hinten wie eine gut eingepackte, mit einem schweren Rucksack beladene Muslima aussah. Es war jedoch ein Priester in schwarzer Soutane und römischem Kragen. Der Unförmigkeit seines Rucksacks nach zu schließen, hatte er wohl alles bei sich, was ihm für die Feier der Eucharistie außerhalb einer Kirche dienlich sein konnte: Altarstein, Messbuch, Tücher, Kerzen, Kelch, Albe, Messgewand, Hostien und Wein. Er lief tief gebeugt und schwitzte aus allen Poren. Ich wusste nicht, ob ich ihn bewundern oder bemitleiden sollte. Ich selber war in diesem Moment froh, meine schwarze Kutte in meiner Einsiedler Klosterzelle zu wissen, wo sie auf meine Rückkehr wartete.

Beim Überholen grüßte ich ihn freundlich, was ihn offensichtlich sehr freute. Denn Kleriker werden, wie ich beobachten konnte, nur selten von Pilgern angesprochen. Wir wechselten ein paar Worte, und ich durfte ihn sogar fotografieren. Er ließ dann allerdings durchblicken, dass er lieber allein weiterziehen würde. So verabschiedete ich mich von ihm, ohne ihm sagen zu können, dass auch ich zur geistlichen Familie gehörte, trotz meiner verschwitzten Shorts und des fehlenden römischen Kragens.

Zum Pilgern ist das Priesterkleid eher hinderlich.

Es gab noch eine zweite Begegnung mit einem Priester. Er fuhr in voller Klerikermontur auf einem Damenrad. In seinem Gefolge, wie kleine Gänse hinter der Mutter, befand sich eine disziplinierte Schar von zwölf Jugendlichen. Der braungebrannte Pfarrer mit seinem breitrandigen Cowboyhut hätte problemlos in einen jener Filme gepasst, wo ein fescher Gottesmann sich der Avancen einer schwärmerischen Dame erwehren muss. Obwohl ich der originellen Gruppe immer wieder begegnete – ich war zu Fuß scheinbar ebenso schnell wie sie mit dem Rad –, gelang es mir nie, von der fotogenen Gottesschar ein Bild zu knipsen.

Als ich mich jedoch eines Tages bei einem Brunnentrog erfrischen wollte, stand plötzlich der besagte Priester neben mir. Beide wuschen wir uns und wurden nass, aber unsere Methoden waren recht verschieden. Während ich mein Hemd auszog und das Wasser mit den Händen über Brust und Rücken verteilte, füllte er zuerst eine Plastikflasche. Dann reckte er mal den einen, mal den anderen Arm in die Höhe und goss das Wasser die Kuttenärmel hinunter. Darauf zog er den römischen Kragen mal nach vorne, mal nach hinten, dann nach links und nach rechts, um auch da jedes Mal etwas vom kühlen Nass hinunterfließen zu lassen. Zum Schluss zupfte er noch da und dort an seinem Habit und machte zwei, drei kleine Sprünge, wohl um das köstliche Nass im Inneren der Kutte gleichmäßig zu verteilen. Und schon saß er wieder auf seinem Rad.

Ich hätte ihn gerne angesprochen, um zu erfahren, woher er käme und welche Jugendlichen ihn da begleiteten. Aber er würdigte mich keines Blickes, obwohl wir eine ganze Zeit lang nebeneinander am Brunnen standen. Ich hatte immer geglaubt, der Brunnen habe seit alter Zeit als idealer Ort für ein Gespräch gegolten, wenn ich etwa an die Begegnung Jesu mit der Samariterin denke. Aber vielleicht musste der gute Hirte möglichst schnell zu seinen Schäfchen zurück, um ja keines von ihnen zu verlieren.

Endlich erreichte ich die Ortschaft Melide, wo ich in der Herberge problemlos einen Platz fand. Ich begab mich gleich zur nahen Kirche und war erfreut, dass soeben die Abendmesse begann. Eine sehr große Zahl von Gläubigen war da. Auch einige Priester standen im Chor vorne, allerdings ohne Messgewand, mehr zur Zierde, wie mir schien. Die vordersten Kirchenbänke waren von schwarz befrackten Herren auf der einen und von noblen, in dunkle Schleier gehüllten Damen auf der anderen Seite besetzt. Es war offensichtlich ein feierliches Requiem im Gange, vielleicht eine Jahrzeit für eine illustre Persönlichkeit. Die Messe war sehr formal und distanziert gehalten. Es gab keine Predigt und kein persönliches Wort an die Gemeinde.

Kaum war das „Ite, missa est“ verklungen, verschwanden die Priester durch die Sakristei, um sich schon bald, Zigaretten rauchend, vor der Kirche zu versammeln. Ich gesellte mich zu ihnen und fragte sie spontan nach ihrer Rolle bei diesem Gottesdienst. Ihre Antwort erinnerte mich an einen armen Priester aus Paris, der jedes Jahr mit seinem kleinen Motorrad in Freiburg eintraf, wo ich damals meinen Studien oblag.

Er lebte in der Pariser Bannmeile und hatte kaum das Nötigste zum Leben. Im Sommer durfte er jeweils für zwei Wochen bei den Menzinger Schwestern Ferien machen, wo ich selber als Gast wohnte. Sie päppelten ihn auf und kleideten ihn neu ein. Denn der arme Geistliche gehörte zur untersten Stufe der kirchlichen Hierarchie. Da Frankreich keine Kirchensteuer kennt, lebte er an der Armutsgrenze. Er durfte zwar, mehr geduldet als erwünscht, täglich in einem kleinen Schwesternkonvent die Messe lesen. Aber die Verantwortliche des Hauses hielt ihn an der kurzen Leine und machte ihm auch sonst das Leben schwer. Er beklagte sich jedes Jahr bitter über sie und titulierte sie als „peau de vache avec un caractère de cochon“, was als Charakterisierung einer ehrwürdigen Schwester Oberin eher ungewöhnlich ist und darum auch nicht übersetzt werden soll.

Um sein Salär aufzubessern, nahm er jeweils an Beerdigungen oder Jahrzeiten reicher Verstorbener teil. Deren posthumes Prestige stieg prozentual zur Anzahl der an der Trauermesse anwesenden Priester. Ihrer hierarchischen Stufe entsprechend bekamen diese priesterlichen Statisten dann für ihre fromme Präsenz einen Obolus. Unser kleiner Pariser Kaplan war für seinen Lebensunterhalt existenziell auf diesen Zusatzverdienst angewiesen und pilgerte daher von Requiem zu Requiem. Er bewegte sich allerdings jahrzehntelang auf der untersten Stufe der kirchlichen Hierarchie. Just als er das Treppchen hochsteigen konnte und etwas mehr verdient hätte, wurde dieses Relikt aus der Feudalzeit zu seinem großen Leidwesen ersatzlos gestrichen.

In Melide gab es diesen Nebenverdienst für Priester anscheinend immer noch, und diese wussten es offensichtlich zu schätzen. Nach dem gestrigen Verlust meines Geldbeutels wäre auch mir ein monetärer Zustupf im Moment sehr willkommen gewesen. Als Mönch der löblichen und gefreiten Benediktinerabtei „Unsere Liebe Frau zu Einsiedeln" wäre mir zweifelsohne die Einstufung in eine recht einträgliche Klerikerkategorie zugestanden. Trotzdem verzichtete ich großzügig auf eine Entschädigung für meine priesterliche Präsenz bei diesem feierlichen Requiem und betete stattdessen gratis und franko für die Seelenruhe des Verblichenen.

Ich hatte auf dem Jakobsweg kein Handy bei mir, denn jeder unvermittelte Klingelton hätte mich aus dem herausgerissen, was das Geheimnis des Jakobsweges ausmacht. Ich selber wäre die 50 Tage auch problemlos ohne Telefonkabine ausgekommen.

Aber es gab da gewisse Rücksichten. Ich musste meiner Schwester Simone ab und zu ein Lebenszeichen zukommen lassen. Sie war besorgt um mich und begleitete mich im Geist auf meinem Weg. Bei meinen kurzen Anrufen einmal in der Woche sagte ich ihr immer, dass alles in bester Ordnung wäre. Das andere musste sie ja nicht wissen. Zudem hört sich aus der Ferne manches viel dramatischer an, als es in Wirklichkeit ist. Darum verschwieg ich vorerst den Verlust meines Reisepasses.

Als ich aber nach dem abendlichen Requiem zufällig an einer Telefonzelle vorbeilief, rief ich sie spontan an und schilderte ihr die Geschichte mit dem Pass in allen Details. Als ich meinen Bericht beendet hatte, sagte sie in aller Seelenruhe: „Ich weiß, wo dein Ausweis ist.“ Einen Moment lang war ich völlig sprachlos und glaubte an einen Scherz. Aber sie begann nun ihrerseits zu berichten, wie sie den Anruf eines ihr unbekannten Schotten erhalten hatte. Er teilte ihr mit, dass er bei Portomarín einen Schweizer Pass gefunden habe, auf welchem ihre Telefonnummer aufgeklebt war. Was er jetzt damit tun sollte?

Dass ich die Telefonnummer meiner Schwester rechts unten auf meinem Pass notiert hatte, kam mir erst jetzt wieder in den Sinn. Meine Schwester legte dem Schotten nahe, den Pass beim nächsten Polizeiposten abzugeben. Dann fragte sie ihn nach seiner Adresse, um ihm einen Finderlohn zu schicken. Darauf ließ er sich aber überhaupt nicht ein und hing den Hörer gleich wieder auf.

Meine arme Schwester! Der Pass ihres Bruders irgendwo in Portomarín. „Porto“ bedeutet ja Hafen, „mare“ Meer. Sie sah in ihrer Fantasie wohl den weißen Strand und die endlose See. Gewiss war ihr Bruder, so wie sie ihn kannte, angesichts des einladenden Meeres verschwitzt und unvorsichtig ins Wasser gestiegen und lautlos untergegangen. Irgendwo blieben dann seine Kleider und sein Rucksack einsam am Strand zurück, und der Schotte kam zufällig hinzu und fand sie.

Sie konnte ja nicht wissen, dass sich das so maritim klingende Portomarín 180 Kilometer vom Meer entfernt befindet. Jedenfalls waren wir beide erleichtert, einander zu hören. Sie war froh, dass ich noch lebte. Ich war froh, dass ich nun wusste, wo mein Pass war. So konnte ich getrost die letzten Kilometer bis Santiago in Angriff nehmen. Auf dem Rückweg würde ich dann meinen Pass in Portomarín abholen.

In Tat und Wahrheit gestaltete sich das viel schwieriger, als ich es mir vorgestellt hatte. Ich möchte jetzt schon davon berichten.

Als ich einige Tage später wieder auf dem Heimweg war und gegen Abend in Portomarín eintraf, begab ich mich sofort zum Polizeiposten. Aber da war niemand mehr anwesend. So ging ich zur Herberge, um zur Sicherheit auch noch dort nach meinen Sachen zu fragen. Aber der Hospitalero hatte alle Hände voll zu tun. Nein, von meinem Pass wisse er nichts. Nein, er hätte kein Bett mehr frei für mich. Ich solle wie alle anderen in die Turnhalle des Dorfes gehen und dort übernachten.

Diese Turnhalle bestand aus einem riesigen, fabrikähnlichen Raum ohne Fenster. Sie besaß, gelinde gesagt, sehr primitive sanitäre Einrichtungen. Als ich eintrat, war schon alles überbelegt. Trotzdem riss der Pilgerstrom nicht ab. Es blieb für alle nichts anderes übrig, als noch näher zusammenzurücken. Meine unmittelbaren Nachbarinnen hatten ihre nasse Leibwäsche links und rechts von mir an ihren Wanderstöcken zum Trocknen aufgehängt, was für einen Klosterbruder eine eher ungewohnte Bettumrandung darstellt. Doch die Hauptsache war, dass ich irgendwo liegen konnte. Zwei Scheinwerfer, vor denen man seine Augen kaum schützen konnte, erhellten den Raum. Es war heiß, und ich trug nur das Nötigste am Körper. Gegen 1.00 Uhr morgens wurde die Hitze so unerträglich, dass ein Teil der Pilger mit viel Lärm den Saal verließ. Ich war zu müde, um ihnen zu folgen. Wohin hätte ich auch gehen sollen? Ich fiel in eine Art Apathie und vegetierte auf kleinster Sparflamme dahin. Irgendwann würde der Morgen schon kommen.

Ich muss im Laufe der Nacht dann doch noch eingeschlafen sein. Als ich erwachte, spürte ich ein kühles Lüftchen über meinen Wangen. Welche Wohltat! Aber die Augen wa-

Nur keine Berührungsängste! Manche Pilgerunterkünfte sind Großraumschlafsäle.

ren noch zu schwer, um sie zu öffnen, und der Körper zu steif, um eine Bewegung zu machen. So blieb ich einfach liegen und döste vor mich hin. Dann dehnte und streckte ich mich, rieb die Augen und stützte mich mit den Händen auf. Du liebe Zeit! Der gestern noch überbelegte Raum war leergefegt. Außer einem kranken Radfahrer, der 20 Meter von mir entfernt in seinem Dress am Boden lag und beständig hustete, waren alle Pilger verschwunden. Auf dem Boden zerstreut lagen Büchsen und Flaschen, Plastiksäcke und Essensreste, vergessene Kleider und Utensilien. Ich kam mir vor wie ein Schiffbrüchiger inmitten von Treibgut. Ein Blick auf die Uhr brachte es an den Tag: Es war bereits 8.30 Uhr. Dank meiner Ohrenpfropfen hatte ich vom großen Exodus rein gar nichts bemerkt!

Als Erstes wollte ich die sanitären Einrichtungen aufsuchen, aber die waren dem morgendlichen Ansturm der Pilger nicht gewachsen und hatten völlig kollabiert. So bewegte ich mich mit meinen Habseligkeiten in Richtung Herberge, wo ich nach der schwülen Tropennacht wenigstens duschen und meine verschwitzten Kleider waschen konnte.

Dann kam der große Moment. Voller Hoffnung ging ich zum Polizeiposten. Aber die Gendarmen ließen sich auch um 9.00 Uhr noch nicht blicken. So setzte ich mich auf eine nahe Bank und harrte der Dinge, die da kommen sollten.

Endlich war es so weit. Ich konnte eintreten. Ein Gendarm musterte mich von oben bis unten mit einem leisen Hauch von Überheblichkeit. Dann führte er mich wortlos in sein Büro. Er und sein Kollege sahen aus wie frisch aus dem Katalog geschnitten: brandneue Uniformen, sauber rasierte Gesichter, Gel im schwarzen Haar, grimmiger Oberlippenschnauz, die Anzüge mit Orden und Epauletten bestückt, als handelte es sich um Kriegsveteranen.

Eher gelangweilt hörten sie mir zu und verzogen jedes Mal das Gesicht zu einer undefinierbaren Grimasse, sobald sie etwas nicht verstanden. Nein, nein, sie hätten nichts gefunden. „Nada, nada! – nichts, nichts!", beteuerten sie mehrmals. Zum Beweis dafür ließen sie mich sogar in die verschiedenen Schubladen schauen. Ich hätte heulen können. In einem einzigen Augenblick zerschlugen sich alle Hoffnungen auf ein Wiedersehen mit meinem Pass.

Beim Verlassen des Polizeireviers schaute ich noch kurz zu den Ordnern hinauf. Da erblickte ich eine kleine Kartonschachtel, die gar nicht recht dorthin passte. Ich zeigte mit dem Finger darauf. Um mich lästigen Besucher endlich loszuhaben, holte einer mit einem hörbaren Seufzer die Schachtel herunter. Und siehe da: Mein vermisster Stoffbeutel lag darin! Am liebsten wäre ich den beiden gleich um den Hals gefallen, aber das hätte den tadellosen Sitz ihrer Uniformen zweifelsohne in Mitleidenschaft gezogen.

Meine Freude war so echt, dass die beiden gar nicht erst überprüften, ob das Gefundene wirklich mir gehörte. Sie gaben mir nur deutlich zu verstehen, dass ich den Raum jetzt bitte endlich verlassen solle.

Draußen durchsuchte ich eilends den wiedergefundenen Beutel. Der Pass war da, Gott sei Dank. Das Geld (etwa 50 Euro) fehlte, auch die Telefonkarte, das Sackmesser und die Briefmarken. Aber ich konnte niemandem böse sein. Zum Glück hatte mir meine Schwester noch eine Kreditkarte mitgegeben, die ich seit dem Zwischenfall in El Acebo zwecks Risikoverteilung getrennt bei der Zahnpasta aufbewahrt hatte. Jedenfalls brauchte ich nicht unter die Bettler zu gehen.

Immer wieder stieg in mir spontan die Frage hoch, wer das Geld und die anderen Sachen wohl an sich genommen hatte. Den Schotten verdächtigte ich zunächst am wenigsten, trotz seiner Herkunft. Er hätte sich sonst wohl auch das Auslandstelefon mit meiner Schwester erspart. Aber warum hatte er meiner Schwester seine Adresse nicht geben wollen? War's doch er? Oder hatte vielleicht ein anderer den Beutel gefunden, das Brauchbare herausgenommen und den Rest wieder auf die Straße geworfen? Und wie stand es um die beiden Gendarmen von Portomarín? So lupenrein waren die Beiden auch nicht, trotz ihrer fleckenlosen Weste.

Wenn ich mich bei solchen Verdächtigungen ertappte, spürte ich, wie weit ich noch von der Gelassenheit und der Herzensruhe des echten Jakobspilgers entfernt war. Im Moment jedenfalls war ich einfach froh, meinen Pass wiederzuhaben.

Das alles geschah, wie gesagt, in Portomarin, auf dem Rückweg von Santiago. Deshalb jetzt schnell zurück nach Melide, wo sich nach dem feierlichen Requiem ein Gewitter zusammenbraute und ich dankbar war um einen Platz in der Herberge.

DIE LETZTEN SCHRITTE

3. August

Donner und Blitze begleiteten meinen Schlaf, doch der Regen war ausgeblieben. Als ich um 6.00 Uhr loszog, hingen immer noch schwere Wolken am Himmel.

Der Weg war schlecht gekennzeichnet, sodass ich mich bald verirrte. Die Sonne, mein bisher treuester Lotse, war noch nicht zu sehen, so hatte ich alle Mühe, mich zu orientieren. Ich war zerstreut und tappte wie blind vorwärts.

Die Umgebung interessierte mich nicht mehr, denn mein ganzes Verlangen war nur noch auf das nahe Ziel gerichtet. Die Wolken wurden nun dichter, und es begann doch noch zu regnen. Es war einer der seltenen Regen auf meiner Pilgerreise. Man würde meinen, dass ich mich darüber gefreut hätte. Gewiss, die schwüle Atmosphäre wich einer gewissen Frische, und der Regen vermochte für einen Moment den Staub auf dem Boden zu binden. Und doch störte es mich, dass ich einige Minuten lang unter dem Vordach einer Garage untätig warten musste, jetzt, wo das Ziel so nahe war.

Ich hatte am Morgen vor lauter Aufbruchsstimmung nichts eingekauft, sodass ich mich wieder einmal mit einigen übrig gebliebenen Dörrfrüchten und Brotresten zufrieden geben musste.

Meine Absicht war, die letzte Nacht vor meiner Ankunft in Santiago auf dem Monte del Gozo, dem „Berg der Freude", zu verbringen. Die Pilger gaben dem Berg diesen Namen, weil sie von hier aus zum ersten Mal einen Blick auf die Kathedrale von Santiago werfen durften. Nach monatelangen Entbehrungen musste das eine unglaubliche Freude gewesen sein. Es gab Pilger, die die letzten hundert Meter bis zur Anhöhe sogar auf den Knien zurücklegten, um dann beim Anblick der Kathedrale in grenzenlosen Jubel auszubrechen.

Ich wollte das auch so machen. Ich hatte mir allerdings den Monte del Gozo als Berg vorgestellt, auf den man auf der einen Seite empor- und auf der anderen wieder hinuntersteigen kann.

Aber es war ganz anders: Ich lief da auf einem eher langgezogenen Hügel mit Wäldern und Dörfern samt den Sendeanlagen des spanischen und galizischen Fernsehens, ohne recht zu wissen, ob ich jetzt oben war oder nicht. Als ich endlich zum ersten Mal auf die Stadt hinunterschauen konnte, war weit und breit nichts von einer Kathedrale zu sehen. Eine ganz normale, eher hässliche Großstadt lag vor mir, eingehüllt in den abendlichen Smog.

Immerhin fand ich den Weg zur Herberge ohne Probleme. Sie bestand aus einem modernen Gebäudekomplex und erinnerte mich an eine kleine Universitätsstadt. Zwar war sie etwas unpassend in die Landschaft gestellt, aber ich genoss ihren Komfort und die Großzügigkeit ihrer Räume. Es waren nur wenige Pilger da. Der Herbergsleiter wollte wissen, wer ich war, und verwickelte mich in ein freundliches Gespräch. Er freute sich, einen Benediktiner vor sich zu haben. Er offerierte mir sogar ein eigenes Zimmer und versprach mir, mich früh genug zu wecken, damit ich noch vor Sonnenaufgang Richtung Kathedrale aufbrechen konnte.

HIER ENDET DER WEG!

4. August

Frühmorgens nahm ich den allerletzten Abschnitt meiner Pilgerreise in Angriff. Von der ersehnten Kathedrale war lange Zeit nichts zu sehen. Aber dann stand sie plötzlich vor mir wie eine Mutter, die schon lange auf ihren Sohn wartet, um ihn mit ausgebreiteten Armen zu empfangen. Ich selber war einfach da und staunte und konnte mich nicht genug an ihr sattsehen.

Dann setzte ich mich in die noch fast leere Kirche und vergoss, endlich am Ziel angekommen, ein paar Tränen der Dankbarkeit. In einer Seitenkapelle begann eine Eucharistiefeier, der ich mich gerne anschloss. Die Messe begann ganz normal. Aber während der Predigt wurde der alte Domherr immer lauter. Er begann wild zu gestikulieren und heftig zu schimpfen. Gegen wen oder was er da Pfeile schoss, wird mir ein Rätsel bleiben. Die alten Frauen in den Bänken zeigten sich jedenfalls völlig unbeeindruckt und überbrückten die apokalyptische Endzeitpredigt mit dem Beten des Rosenkranzes, der leise zwischen ihren Fingern dahinglitt.

Über dem Tabernakel stand gut lesbar das bekannte Wort aus dem Johannesevangelium: „So sehr hat Gott die Welt geliebt, dass er seinen Sohn hingab." Immer wieder fielen meine Augen auf diesen Satz. Es wurde mir an jenem Morgen so richtig bewusst, was für ein Geschenk es war, auf dieser Erde leben zu dürfen. Abertausende von Schritten hatten mir die Schönheit dieses Planeten vor Augen geführt: die Menschen und Tiere, die Sonne und die Gestirne, die Flüsse und Bäche, die Getreidefelder und Rebberge.

Die Kathedrale von Santiago: Besinnliche Ruhe gibt es nur in aller Frühe.

In der Messe nun wurde mir aus der Fülle dieser Schöpfung wieder etwas geschenkt: ein kleines Stück Brot, vielleicht auf jenen Getreidefeldern gewachsen, die meinen Weg gesäumt hatten, und hier in der Messe durch Gottes Hauch verwandelt.

Nach der Eucharistiefeier ging ich ins fast leere Kirchenschiff zurück, um dem morgendlichen Lobgesang der Domherren zu lauschen. Noch bevor sie ihn beendet hatten, wurde hinten ein Portal geöffnet. Eine Touristengruppe zwängte sich herein. Vorerst waren nur einzelne Stimmen zu hören, gegen die sich der Gesang der Kanoniker noch gut behaupten konnte. Dann aber schwoll der Lärm von hinten derart stark an, dass der Chorgesang bald übertönt wurde und schließlich im Stimmengewirr unterging. Fluchtartig verließ ich die Kirche, die nun für den Rest des Tages den Touristen gehörte.

Ich hatte ursprünglich im Sinne gehabt, mindestens drei Tage in Santiago zu bleiben. Aber ich hielt es schon nach wenigen Stunden nicht mehr aus. Ich begab mich zuerst ins Pilgerbüro, um mich für alle Fälle nach einer Übernachtungsmöglichkeit zu erkundigen. Die freundliche Dame fragte mich, ob ich zu Fuß gekommen sei und sie mir eine Pilgerurkunde ausstellen dürfe. Ich hatte noch nie von einer solchen Urkunde gehört. So wurde mir denn auf einem in feierlichem Latein abgefassten Blatt Papier bestätigt, dass „Christophorum Muller hoc sacratissimum Templum pietatis causa devote visitasse", dass also der Christophorus Müller diesen heiligsten Tempel in edler Gesinnung fromm besucht habe. Obwohl ich immer gemeint hatte, keinen Wert auf solche Urkunden zu legen, freute ich mich doch darüber und nahm sie gerne in Empfang.

Als ich wieder auf der Straße war und die anschwellenden Touristenmassen erblickte, als der Verkehr an mir vorbeidonnerte und der Lärm der Großstadt mich umfing, da gab es kein Halten mehr. Ich sehnte mich mit allen Fasern nach der Einsamkeit des Weges zurück. Es befiel mich die große

Angst, dass ich hier in kürzester Zeit verlieren könnte, was mir in den langen Weilen der vergangenen Wochen geschenkt worden war.

Ich wusste zwar, dass der Jakobsweg erst am Meer bei Finisterre endete, am „Ende der Welt“. Dort fanden ja die Pilger früherer Zeiten jene Muscheln, die sie als Jakobspilger auszeichneten. Doch diese Strecke hatte ich nicht miteingeplant. Was aber hinderte mich daran, nochmals aufzubrechen?

Ich traf einen kleinen, beleibten Domherrn und fragte ihn, ob es eine Fortsetzung des Weges bis zum Meer gäbe. Er winkte mit der Hand ab und sagte nur: „carretera, carretera – immer nur Straße“. Auch ein Verkäufer konnte mir nicht weiterhelfen und verwies mich auf den Bus. Was sollte ich tun? Die Sonne stand schon hoch am Himmel. Ich hatte keine Ahnung, ob und wie ich den Weg aus der Stadt hinaus finden würde.

Also begab ich mich zum Busbahnhof und erfuhr dort zu meiner Freude, dass noch am gleichen Tag ein Bus nach Finisterre abfahren würde. Nach wochenlangem Fußmarsch befand ich mich nun plötzlich in einem Bus. Ich saß gebannt am Fenster und wollte nicht glauben, dass man ohne jede Anstrengung so schnell vorwärtskommen kann. Die Landschaft flitzte an mir vorbei, wie es mit dem Rad nur bei steilen Abfahrten der Fall war. Ich saß da und drückte meine Nase an die Scheibe.

Nach drei Stunden Fahrt kam ich in Finisterre an. Nun befand ich mich also am Ende der Welt. Hier erwartete mich jene Wegmarkierung, die jeden Pilger froh und zugleich traurig stimmt: die letzte Pilgermuschel des Camino. Sie zeigt nicht mehr nach links oder rechts wie die früheren, sondern direkt nach unten. Und das bedeutet: Hier endet der Weg!

Die Touristenattraktion war der Leuchtturm hoch über den Klippen. Mich zog es zum Wasser hinunter. Ich kletterte

Finisterre, am Ende des Weges, am Ende der Welt

einen ziemlich steilen Weg hinab zum Meer. Unterwegs fanden sich da und dort Reste von verkohlten Kleidern. Ich wusste, dass manche Pilger hier ihre alten Klamotten verbrennen. Man möchte damit ausdrücken: Das Alte lasse ich hier. Ich kleide mich frisch an und kehre als neuer Mensch nach Hause zurück.

Da ich kein Feuerzeug bei mir hatte, um irgendein Kleidungsstück anzuzünden, warf ich ein strapaziertes, kaum mehr brauchbares Leibchen in weitem Bogen ins Meer und schaute ihm noch lange nach.

Jetzt, am Ende meines Weges, am Ende der Welt, unter dem azurfarbenen Himmelsgewölbe und angesichts der endlosen Weite des Meeres setzte ich mich auf einen vorspringenden Felsen und schaute ins Nichts hinaus, alles hinter mir lassend, überströmend von Dankbarkeit.

Wie lange ich da saß, weiß ich nicht. Meine Seele wäre wohl noch lange dageblieben, aber mein Leib verlangte ungestüm nach einem kühlen Bad. Direkt am Ende der Welt, unterhalb meines Felsens, war das nicht möglich, da die Brandung viel zu stark war. Doch fand ich etwas weiter entfernt eine kleine Bucht, wo ich einigermaßen gefahrlos ins Wasser steigen konnte. Unvergessliche Augenblicke, die nicht zu beschreiben sind.

Dann kletterte ich wieder den Felsen hinauf. Am Berg oben, in einer kleinen Kapelle, hing ein sehr eindrückliches Seefahrerkruzifix. Wie viele Witwen und Waisen hatten hier im Laufe der Jahrhunderte Trost gesucht, wenn die stürmische See ihre Männer und Väter, die zum Fischfang ausgezogen waren, nicht mehr hergab.

Bald versank die Sonne als feuerroter Ball im hier unendlich scheinenden und durch nichts begrenzten Horizont. Bei einem verlassenen Kinderspielplatz, direkt über dem Meer, fand ich eine geschützte Ecke für mein Zelt. Am Ziel meiner Pilgerreise angekommen, fiel ich bald in einen nicht enden wollenden Tiefschlaf.

DEM GLÜCKLICHEN SCHLÄGT KEINE STUNDE

5. August

Am nächsten Morgen stellte ich fest, dass die Strahlen der im äußersten Osten unserer Erde aufgehenden Sonne problemlos auch ihren äußersten Westen erreichen. Kaum erwacht, stieg ich zum Wasser hinunter, um mich noch einmal dem unendlichen Meer anzuvertrauen. Ich schwamm Richtung Westen, streng genommen also Richtung Amerika, denn Christophorus Kolumbus soll von hier aus zur Entdeckung der Neuen Welt aufgebrochen sein.

So ging es mal in Bauchlage, mal in Rückenlage, direkt auf die Vereinigten Staaten zu. Antonín Dvořáks Symphonie „Aus der Neuen Welt" kam mir spontan in den Sinn, und ich begann die Melodie vor mir herzusummen. Doch schon nach wenigen Takten, beim ersten Paukenschlag, schwappte eine Welle von hinten über meinen Kopf und ließ das Opus 95 in e-Moll in einem Hustenanfall kläglich untergehen.

Wie lange ich im Wasser herumplanschte und träumte, weiß ich nicht mehr. Die Zeit blieb stehen, da draußen, am Ende der Welt.

Plötzlich realisierte ich, dass der Bus nach Santiago schon bald abfahren würde. Rasch schwamm ich ans Ufer und stürmte zu meinem Adlerhorst hinauf. In größter Eile stopfte ich alles in meinen Rucksack und rannte zum Bus. Es sollte noch knapp reichen. Da meldete sich plötzlich ein dringendes Bedürfnis an, ausgerechnet jetzt. Ein geeigneter Ort dafür war nicht sogleich zu finden. So verpasste ich den Bus. Immerhin erfuhr ich, dass es am Nachmittag noch eine weitere Möglichkeit gab, um wieder nach Santiago zu gelangen.

In der Folge bewahrheitete sich einmal mehr, dass Pannen und Missgeschicke auf dem Jakobsweg immer etwas Gutes an sich haben. Wäre ich schon um die Mittagszeit in Santiago angekommen, hätte ich wohl kaum gewusst, wo und wie ich die Stunden verbringen sollte. Hier aber wurde mir unverhofft die Möglichkeit gegeben, eine echte Jakobsmuschel zu suchen.

Es war schon lange mein Wunsch, eine solche an meinen Rucksack zu hängen. Es musste aber eine selbstgesuchte sein, nicht irgendeine gekaufte. Unverhofft traf ich auf einen wunderschönen Strand, wo feinster Sand zum Barfußgehen einlud. Das tat meinen geschundenen Füßen wohl: 700 Kilometer hatten sie bis hierher in den Sandalen ausharren müssen.

Meine Vorstellung, ein echtes Prachtstück einer Jakobsmuschel zu finden, erfüllte sich aber nicht. Es lagen nur kleine Exemplare herum, wie man sie überall an den Stränden findet. Doch ich suchte mir die schönste aus und stecke sie ein, ohne zu ahnen, welch wichtige Aufgabe sie einmal erfüllen sollte: Nach meiner Rückkehr wurde ich nämlich Pfarrer in Vorarlberg. Nun kommt die Muschel bei jeder Taufe zum Einsatz. Mit ihr schöpfe ich das Wasser, das über die Stirn der Täuflinge gegossen wird.

Verträumt wie ein Kind, fasziniert von Sonne, Meer und Sand, vergaß ich die Zeit ein zweites Mal. Um ein Haar hätte ich auch den Nachmittagsbus verpasst! Auf der Suche nach Muscheln hatte ich mich ziemlich weit von Finisterre entfernt und eilte nun in großen Schritten Richtung Dorf. Zuletzt musste ich mir, mit dem sperrigen Rucksack am Körper, einen Weg durch den belebten Fischmarkt bahnen. Verschwitzt, aber froh kam ich im letzten Moment bei der Busstation an. Ich nahm Platz und genoss wiederum das Wunder, dass es auch sitzend und ohne jede Kraftanstrengung vorwärtsgehen kann.

Zurück in Santiago, betrat ich die von Touristen und Pilgern wimmelnde Kathedrale zum letzten Mal. Die kleine Seitenkapelle, die ich bei meinem ersten Besuch liebgewonnen hatte, war zum Glück fast leer. Ich setzte mich hin und hätte wohl noch lange dableiben können. Aber es nahte der Abschied, auch wenn ich ihn immer wieder hinauszögerte.

Dann riss ich mich endgültig los und stieg zum Monte do Gozo zurück, wo ich mir etwas Brot und Wein für den nächsten Tag besorgte. Es nahte der 6. August, das Fest der Verklärung des Herrn. Noch vor Anbruch des Lichtes wollte ich auf diesem Berg unter freiem Himmel Eucharistie feiern.

Diesmal teilte ich mein Zimmer mit einem portugiesischen Radfahrer, der durch ein Missverständnis in Portomarín seine Frau und seinen Sohn verloren hatte. Ich erzählte, dass ich im gleichen Ort Pass und Geld verloren hatte. Wir waren uns einig, dass sein Verlust schlimmer sei als der meine. Allerdings wusste er damals bereits, dass er Frau und Kinder bald wieder in seine Arme schließen konnte. Bei mir war ein Wiedersehen mit meinen verlorenen Sachen zu diesem Zeitpunkt noch völlig offen.

EIN PILGER BAUT KEINE HÜTTEN!

6. August

Um 5.00 Uhr verließ ich mein Zimmer. Fest der Verklärung des Herrn – ich hatte richtige Sehnsucht nach der Eucharistie, die ich etwas oberhalb der Herberge bei einem Denkmal feiern wollte, das an den Besuch von Johannes Paul II. in Santiago erinnerte. Der Papst hatte dort am 19. August 1989 mit 600.000 Jugendlichen Eucharistie gefeiert. Meine Feier sollte etwas bescheidener ausfallen.

Als ich die Herberge verließ, war es noch dunkel und feucht. Schon am Vorabend hatte eine dichte, regennasse Wolke ganz Santiago eingehüllt. Ein Phänomen, das ich so noch nie erlebt hatte. Es regnete nicht, aber die Luft war so feucht, dass es unaufhörlich von den Bäumen herabtropfte.

Unterhalb des Denkmals war das Schimmern einer Lampe zu erkennen. Es war das Standlicht eines Polizeifahrzeugs. Als ich nähertrat, stiegen zwei Gendarmen aus und hielten mich fest. Sie wollten wissen, wer ich sei und warum ich um diese Zeit schon unterwegs war. Ich sagte ihnen, ich sei ein Pilger aus der Schweiz und wolle zum Denkmal hinaufsteigen.

Jetzt, so früh am Morgen? Ja, warum nicht? Ob ich mich denn ausweisen könne. Nein, leider nicht, ich hätte meine Papiere verloren. So, so! Ob sie einen Blick in meinen Rucksack werfen dürften. Natürlich. Es blieb mir nichts anderes übrig, als alles auszupacken und auf dem nassen Boden auszubreiten. Im Schein ihrer Taschenlampen wühlten die Beamten lustlos darin herum und fanden nichts Verdächtiges.

Nun fragte ich meinerseits, warum sie schon so früh am Morgen auf Streife waren. Ich vernahm mit mulmigem Gefühl, dass sie einen Kriminellen suchten, der sich in der Gegend herumtrieb. Sie verabschiedeten sich mit ein paar entschuldigenden Worten und stiegen wieder in ihr Auto.

Ich ging zum Denkmal hinauf und breitete meine liturgischen Habseligkeiten aus, die ich für die Eucharistie brauchte. Was würde ich tun, wenn mitten in der Messe der Kriminelle auftauchen sollte? Vielleicht wäre er bereit, mir zu ministrieren.

Die Atmosphäre dieses Morgens erinnerte an die Verklärung Jesu auf dem Berg Tabor. Auch ich stand auf einem Berg und war von einer dichten Wolke umhüllt. Gewiss, das Standlicht der Polizei unterhalb des Denkmals war keine echte Konkurrenz zum strahlenden Lichtglanz Christi, aber es ersetzte wenigstens die fehlenden Altarkerzen. Auch gemahnten die beiden diensttuenden Polizisten nur entfernt an Mose und Elija. Aber es waren immerhin zwei Zeugen in der Nähe. Sogar die Stimme vom Himmel „Das ist mein geliebter Sohn“ erklang. Zwar nicht aus der Wolke, sondern aus dem Evangelium, das ich halblaut vortrug. Auch die drei Apostel Petrus, Jakobus und Johannes, die Jesus mit sich auf den Berg genommen hatte, fehlten nicht. Sie hatten ihren Platz beim Gedächtnis der Heiligen.

Und die Hauptperson, Jesus, sie war wirklich zugegen. Nicht im strahlend verherrlichten Leib wie bei der Verklärung, sondern in den schlichten Gestalten von Brot und Wein. So wurde der Monte del Gozo an jenem Morgen des 6. August 2003 für einen Moment zum Tabor, zum Berg der Verklärung. Der Vorschlag des Petrus allerdings, drei Hütten zu bauen, verhallte auch hier ungehört. Ein Pilger baut keine Hütten.

Das Fest der Verklärung, das mir schon immer viel bedeutete, ist für mich unlösbar mit Papst Paul VI. verknüpft. Ich mochte diesen Papst, ohne genau zu wissen warum. Er schien mir oft leidend, einsam.

Sein Tod am Fest der Verklärung im Jahre 1978 bleibt mir unvergesslich. In Freiburg, wo ich studierte, saß ich an jenem Nachmittag mit drei Menzinger Schwestern gemütlich beim Jassen, als plötzlich jemand ins Zimmer trat mit der Nachricht, der Papst sei soeben gestorben. Die frommen Schwestern brachen die Jassrunde sofort ab, sehr zu meinem Leidwesen, denn es fehlten nur noch wenige Punkte zum Sieg.

Wenige Tage später verfolgte ich am Bildschirm die Verabschiedung auf dem Petersplatz. Statt eines pompösen Katafalks hatte sich Paul VI. einen schlichten Holzsarg gewünscht, auf welchem eine Bibel lag. Noch während der Zeremonie begann der Wind in dieser Bibel herumzublättern. Er drehte die Seiten mal nach links, mal nach rechts, mal in Richtung Genesis, dann wieder in Richtung Apokalypse.

Das alles kam mir bei der nächtlichen Eucharistiefeier auf dem Monte del Gozo wieder in den Sinn. Der Tod des Papstes lag heute auf den Tag genau 25 Jahre zurück.

Eine lange Danksagung nach der Eucharistie lag nicht mehr drin, denn es war sehr kalt. Beim „Gehet hin in Frieden“ schlotterte schon mein ganzer Körper.

GESCHENKTE ZEIT – DIE RÜCKKEHR

Nun wandte ich meinen Blick zum ersten Mal bewusst nach Osten, auch wenn noch keinerlei Spur der aufgehenden Sonne zu sehen war. Ich lief lange einsam im kalten Nebel dahin. Die Stimmung entsprach genau den Versen von Hermann Hesse:

Seltsam, im Nebel zu wandern!
Einsam ist jeder Busch und Stein.
Kein Baum sieht den andern.
Jeder ist allein.

Seltsam, im Nebel zu wandern!
Leben heißt Einsamsein.
Kein Mensch kennt den andern.
Jeder ist allein.

Damals, beim Start in Einsiedeln, hatte es mich unaufhaltsam nach Westen gezogen, meinem Ziel entgegen. Jetzt bei der Rückkehr war von jener Stimmung nicht mehr viel zu spüren. Das Ziel lag ja bereits hinter mir. Es fehlte der Schwung des Aufbruchs.

Und doch war ich sehr dankbar, dass ich auch den Rückweg zu Fuß machen durfte und jetzt nicht in die Bahn oder in ein Flugzeug steigen musste. Ich spürte ganz deutlich: In diesem Fall hätte in Kürze verloren gehen können, was in diesen Wochen ganz langsam gewachsen war. Ich brauchte einfach noch diese geschenkte Zeit, damit sich alles etwas besser festsetzen konnte.

Das Ehepaar, das am Anfang meines Jakobswegs gestanden war, hatte mir dringend empfohlen, auch den Rückweg zu Fuß zu machen. Damit seien ganz neue Erfahrungen des Pilgerns verbunden, meinten sie. Und sie hatten recht. Es waren aber nicht nur angenehme Erfahrungen.

Ich hatte mich ursprünglich sehr auf die Rückkehr gefreut: In Richtung Osten zu gehen, der Sonne und der Heimat entgegen, das musste etwas Wunderbares sein. Anfangs empfand ich es tatsächlich als angenehm, die ersten Morgenstrahlen der Sonne im Gesicht zu spüren statt hinten am Rücken wie beim Hinweg. Aber kaum stand die Sonne höher am Himmel, begann sie unbarmherzig zu brennen, so dass ich den Hut tief über die Augen ziehen musste und deshalb wie ein Blinder durch die Gegend lief.

Jetzt, auf dem Rückweg, kamen mir Hunderte von Pilgern entgegen. Auf dem Hinweg waren ja alle in die gleiche Richtung marschiert, und ich hatte nur jene begrüßt, die ich überholte. Nun aber galt es, allen Entgegenkommenden ein freundliches Lächeln zu schenken. Und das nahm gar kein Ende!

Gleich am ersten Tag bemerkte ich, dass ich durch meine ungewohnte Marschrichtung vor allem Frauen in Aufregung versetzen konnte. Schon von Weitem war ihnen anzusehen, dass sie darüber diskutierten, ob sie oder ich in die verkehrte Richtung liefen. Auf meine klärenden Worte hin beruhigten sie sich und zogen jeweils erleichtert weiter.

Mit der Zeit aber erlaubte ich mir einen kleinen Spaß. Fragten sie mich nach der Richtung, so sagte ich ihnen bedauernd, dass sie leider falsch liefen und jetzt halt umkehren müssten. Entsetzt schlugen sie die Hände über ihrem Kopf zusammen und waren untröstlich über den Zeitverlust und ihre vergebliche Mühe. Nach einer Weile aber lächelte ich und sagte: „Hört mal, das war nur ein kleiner Scherz, ihr seid durchaus auf dem richtigen Weg!" Statt nun mit mir zu hadern, lachten sie befreit und fielen mir dankbar um den Hals.

Auf dem ganzen Rückweg traf ich keinen anderen Pilger, der wie ich in die „falsche" Richtung lief. Immer wieder machten mich Lastwagenfahrer wild hupend darauf aufmerksam und zeigten mit ihrem Finger energisch Richtung Santiago.

Ein anderes Problem war, dass es für den Rückweg keine Markierungen gab. Kamen mehrere Wege zusammen, war mitunter nicht klar, welcher nun einzuschlagen war. Oft musste ich warten, bis mir ein Pilger entgegenkam. Ging das zu lange, so suchte ich nach möglichen Fußspuren oder nach zertretenem Gras. Manchmal ging ich auch aufs Geratewohl weiter. Hatte ich mich verlaufen, so musste ich mithilfe des Sonnenstandes am Himmel auf oft abenteuerliche Weise den richtigen Weg erst wieder finden. Aber das war mir schon vom Hinweg her vertraut.

Eine andere, eigenartige Erfahrung des Rückwegs war diese: Ich kam durch Gegenden, die mir vom Hinweg her hätten vertraut sein müssen. Aber ich erkannte sie oft gar nicht wieder. Einmal bog ich in ein Dorf ein, von dem ich hätte schwören können, dass ich es noch nie betreten hatte. In der Bäckerei aber gab es keinen Zweifel mehr, denn die Verkäuferin trug zwei dicke Narben im Gesicht, die mir beim Hinweg sofort aufgefallen waren.

Dann wieder gab es Dörfer, bei denen ich mich an jede Einzelheit erinnern konnte. Warum, so frage ich mich nachträglich, war das so? Ich glaube, dass das mit meiner jeweiligen Befindlichkeit zu tun hatte. Fühlte ich mich nämlich körperlich und psychisch fit, so beobachtete ich die Landschaften und Menschen aufmerksam und mit großem Interesse. Plagte mich hingegen eine Sorge, dann verlor ich rasch den Blick für die Umgebung und war nur noch mit mir selbst beschäftigt. So war es auch vor Sahagún. Die akute Sehnenscheidenentzündung am linken Fuß stellte damals die ganze Pilgerreise in Frage. Das beschäftigte mich so sehr, dass ich wie ein Blinder durch die Landschaft lief. Solche Gebiete waren auf dem Rückweg gleichsam Neuland.

Die 700 Kilometer des Hinweges waren mir mit allem, was sie an Neuem boten, unerhört spannend und lang erschienen. Die 700 Kilometer des Rückwegs dagegen liefen so schnell ab, dass ich es bis heute nicht fassen kann.

Doch das Pilgern in der verkehrten Richtung ermöglichte einige sehr persönliche und unvergessliche Begegnungen.

So winkte mir einmal ein Franzose von Weitem und rief immer wieder: „Ah, endlich ein echter Pilger aus dem Mittelalter, der auch den Rückweg zu Fuß macht!" Er hieß Gérard. Als er vernahm, dass ich Schweizer sei, bereitete er mich auf die Begegnung mit einem bärtigen Landsmann namens Thomas vor, der nächstens auftauchen würde. Ich freute mich darauf.

Nach einer Stunde kam tatsächlich ein Pilger mit Vollbart des Weges. Es musste dieser Thomas sein. Als sich unsere Wege kreuzten, sprach ich ihn an: „Salü, Thomas!" Er war nicht einmal erstaunt, seinen Namen zu hören, denn auf dem Jakobsweg ist alles möglich. Ich wollte nur kurz ein paar Worte mit ihm wechseln, aber das Gespräch wurde so interessant, dass wir beide die Rucksäcke niederlegten und uns hinsetzten.

Es waren nicht primär religiöse Motive, die ihn hatten zum Pilger werden lassen. Überbelastung in einem extrem stressigen Job führte zu einem Burnout und warf ihn völlig aus der Bahn. Zudem kriselte es in der Beziehung zu seiner Freundin. Am Tiefpunkt angelangt, legte er seine Arbeit nieder und beschloss, sich auf den Jakobsweg zu machen.

Wir sprachen über alles, als ob wir uns schon lange kennen würden. Schließlich verabschiedeten wir uns als gute Freunde.

Einige Monate später, als ich zufällig in Einsiedeln weilte, überraschte mich der Klosterpförtner mit der Meldung, ein Thomas stehe an der Pforte und wünsche mich zu sprechen. Ich stieg hinunter, ohne zu wissen, wer dieser Thomas sein könnte. Als ich das Gästezimmer betrat, stand er vor mir, der Thomas vom Jakobsweg. Was für ein Wiedersehen!

Er war zwei Wochen nach unserer Begegnung glücklich in Santiago angekommen. Aber er machte dort die gleiche Erfahrung wie ich. Er ertrug den Lärm und die Hektik dieser Stadt keinen Tag lang. Innere Ruhe und Harmonie fand er nur unterwegs als einsamer Pilger. Unschlüssig und ruhelos irrte er noch wochenlang in den Pyrenäen umher, bevor er endgültig in die Schweiz zurückkehrte.

Als er mich in Einsiedeln besuchte, hatte er noch immer keine Arbeit angenommen. Zu tief wirkten die Erinnerungen an den Jakobsweg noch nach. Aber, meinte er, so ganz langsam beginne er, wieder ein normales Leben zu führen.

Eine zweite Begegnung war von ganz anderer Art: Ein etwa 40-jähriger Mann saß am Wegrand und beobachtete wohlwollend die vorüberziehenden Pilger. Als er mich von der Gegenrichtung herkommend erblickte, bat er mich, einen Moment neben ihm Platz zu nehmen. Es interessiere ihn, warum ich von der anderen Seite her käme.

Ich hatte keine große Lust zum Plaudern und nahm die ungewohnte Einladung nur widerwillig an. Er sah aus wie ein Sheriff, der sich auf den Jakobsweg verirrt hatte. Er trug Cowboystiefel, die vorne spitz zuliefen. Sein ledernes Gilet und seine lässige Haltung hätten gut in einen Wildwestfilm gepasst. Die Tasche neben ihm schien eher für das Verstauen einer Whiskyflasche gedacht als für eine Pilgerreise. Doch er sah rundum glücklich und zufrieden aus. Er genoss den Augenblick und hatte es gar nicht eilig. Unsere Lebensgeschichten, so stellte sich heraus, hätten verschiedener nicht sein können. In Lourdes geboren, wuchs er in einer areligiösen Familie auf. Als Schauspieler kam er in der ganzen Welt herum, aber eine Lebenskrise brachte ihn an den Rand des Abgrunds. Er wollte nichts mehr mit Frankreich zu tun haben. Das ihm völlig unbekannte Baskenland war sein erklärtes Ziel.

Eines Nachts, als er unter freiem Himmel schlief, wurde er Opfer eines Überfalls. Man nahm ihm alles weg, auch die Schuhe und die Kleider. Es blieben ihm nur die Tarot-Karten, die er in einer Art Leibgürtel bei sich trug. Die Klamotten, die er jetzt anhatte, waren ihm teils geschenkt worden, teils hatte er sie unterwegs gefunden.

Auf dem Weg ins Baskenland war er zufällig auf den Camino geraten, von dem er noch nie im Leben etwas gehört hatte. Er war einfach überrascht, dass so viele Leute zu Fuß Richtung Spanien zogen. Erst nach und nach erfuhr er die Hintergründe dieser Völkerwanderung. In einem Kloster bekam er schließlich einen Pilgerpass und brauchte so nicht mehr im Freien zu übernachten.

Als ich ihn traf, beschäftigte er sich gerade intensiv mit seiner weiteren Zukunft. Wie ich so des Weges kam, von der falschen Seite her, war er überzeugt, dass ich der Mann sein musste, der ihm weiterhelfen würde. Denn, so meinte er, irgendeinen Sinn müsse es ja haben, dass ich in diesem Augenblick seinen Weg kreuzte.

Er begann mir zu erklären, dass für ihn im Moment die Zahl acht von großer Bedeutung war. Dieser Zahl war er nämlich auf dem Weg immer wieder begegnet, sei es in Form einer Schlange, einer Sandspur, einer Schnur oder irgendeiner Wolkenformation. Aber auch Hausmauern oder Straßennummern trugen immer wieder diese Zahl. Es war für ihn klar, dass auch ich mit der Zahl acht etwas zu tun haben müsste, sonst hätten wir uns nicht getroffen. „Wann bist du geboren?“, fragte er. „Am 18. 5. 1947.“ Er zählte die Ziffern zusammen und strahlte: „Das macht 35! Und die Quersumme ergibt acht. Siehst du, wieder diese acht. Das wusste ich doch! Also, welchen Rat gibst du mir für die Zukunft?“

Was sollte ich da sagen? Ich überlegte kurz und meinte spontan: „Geh doch einfach weiter zum hl. Jakobus nach Santiago, und mach dir keine weiteren Gedanken über die Zukunft. Da wird sich dir schon eine Türe öffnen.“

Er nahm meinen Ratschlag dankbar an. Doch wollte er ihn durch seine Tarot-Karten bestätigt haben. Er zog sie aus seiner Tasche und hielt sie mir hin. Zweimal hintereinander sollte ich von den etwa 60 Karten eine ziehen, um zu sehen, ob sich mein Rat da irgendwie bestätigt fände.

Die erste Karte zeigte einen Reiter hoch zu Ross mit einem Speer in der Hand. Er war überzeugt, dass das ein klarer Hinweis auf meinen ersten Ratschlag war, nämlich einfach weiter in Richtung Santiago zu pilgern. Denn so viel wusste er, dass der hl. Jakob gerne als Reitersoldat dargestellt wird.

Er hielt mir die Karten ein zweites Mal hin. Zu seiner und meiner Überraschung zog ich ausgerechnet jene Karte, die als einzige keine Abbildung hat, also völlig weiß ist. Das war für ihn nun die klare Bestätigung, vorläufig nichts zu planen, sondern vertrauensvoll weiterzugehen. Die Kartenkonstellation hatte ihn voll überzeugt. Für ihn war der weitere Weg jetzt klar. Ich selber wusste nicht so recht, was ich von meinen Kartenkünsten halten sollte. Aber wenn ich ihm hatte helfen können, warum nicht? Im Wissen, dass wir uns nie mehr sehen würden, umarmten wir uns. Er zog weiter nach Westen, Richtung Santiago. Ich zog weiter nach Osten, Richtung Heimat. Beide um eine Freundschaft reicher.

Ein anderes Mal kam ein alter Mann auf einem ebenso alten Fahrrad daher. Es war so wenig Luft in den Reifen, dass er fast auf den Felgen fuhr. Im Slalom ging es gemütlich von einer Straßenseite zur anderen. Seine nackten Zehen schauten aus löchrigen Filzpantoffeln hervor. Als er mich sah, steuerte er sein Gefährt direkt auf mich zu, grüßte freundlich und fragte mich unvermittelt, ohne vom Rad zu steigen: „Darf ich dir zwei Fragen stellen?" „Ja, natürlich", antwortete ich etwas überrascht. „Gut. Also die erste Frage: Welche Sprache auf der Welt ist für dich die schönste: Spanisch, Portugiesisch, Italienisch, Deutsch, Englisch oder Französisch?"

Ich überlegte kurz und antwortete, selbst auf die Gefahr hin, seinen Stolz zu verletzen: „Italienisch." Er nickte wohlwollend und sagte: „Bravo! Du hast einen guten Geschmack! Schau dir mal eine hübsche Frau an. In unserer Sprache nennen wir ein solches Wesen ‚mujer' (das ‚j' im Halse kratzend wie das schweizerdeutsche ‚Chuchichäschtli'). Da stimmt doch etwas nicht! Bei den Italienern dagegen heißt das ‚donna'. Welch klangvolles Wort! Da kann man sich doch sofort etwas Schönes vorstellen, nicht wahr? Bravo, erster Test bestanden. Jetzt die zweite Frage: Warum lerne ich in meinem Alter noch Englisch?" Spontan antwortete ich: „Weil Englisch eine Weltsprache ist und du dich so mit allen Pilgern problemlos unterhalten kannst." Er winkte ab und sagte: „Das meinen alle anderen auch. Aber du darfst jetzt den wahren Grund wissen. Komm etwas näher!" Und er flüsterte mir, von Mundgeruch begleitet, sein Geheimnis ins Ohr: „Radfahren ist für den Körper, Englisch für den Geist!" Mit zwei umständlichen Fußstößen brachte er sein Rad wieder in Schwung und fuhr lachend und winkend davon.

So wurde der eher monotone Rückweg immer wieder durch Begegnungen gewürzt. Ich suchte sie nicht explizit. Aber sie wurden mir immer wieder geschenkt.

Endlich traf ich nach 700 Kilometern wieder in Puente la Reina ein. Zum zweiten Mal überschritt ich die faszinierende Brücke dieses Städtchens. Es war ein ganz besonderer Augenblick. Beim Hinweg hatte ich mich gefragt: Werde ich diese Brücke je wieder sehen? Und was werde ich dann alles erlebt haben? Jetzt lag sie wieder vor mir, diese schöne Brücke. Mit großer Achtsamkeit setzte ich einen Fuß vor den anderen.

Auf der anderen Seite angekommen, ging es geradewegs zur Herberge. Ich war gespannt, ob die Matrone, die mich damals gezwungen hatte, in ihrem Haus zu übernachten, immer noch so launisch wäre. Und ob ich mein Rad in ihrer geheimnisvollen Kammer überhaupt wieder vorfinden würde.

Ich traf sie an, vertieft in ihre Buchhaltung. Als sie aufsah, erkannte sie mich sogleich wieder, was mich sehr überraschte. Sie begrüßte mich mit einem gewinnenden Lächeln, öffnete sogleich ihre Kammer hinter dem Büro und zog mein Rad mit Ach und Krach zwischen vielen Schachteln hervor, die sich in der Zwischenzeit dort angesammelt hatten. Sie übergab mir mein Gefährt, wünschte mir gute Fahrt und machte sich gleich wieder an die Arbeit.

Warum nur war sie jetzt so anders, so viel freundlicher als damals? Ich kam zum Schluss, dass nicht sie sich verändert hatte, sondern ich mich! Als Pilger war ich dankbarer geworden, milder und toleranter.

Nun schwang ich mich wieder auf meinen Drahtesel. Das erneute Sitzen auf dem Rad bereitete mir ein Riesenvergnügen. Alles ging plötzlich so viel schneller.

Der Rucksack lag jetzt auf dem Gepäckträger hinten. Ich hätte darüber froh sein können. Aber irgendwie fehlte er mir am Rücken. Er hatte mir immer ein Gefühl der Geborgenheit und Wärme geschenkt und war ein Teil von mir geworden.

Die Pläne für die Rückfahrt hatten sich schon auf der Hinfahrt abgezeichnet. Auf keinen Fall wollte ich wieder alles mit dem Rad zurücklegen. Allein schon die Erinnerung an den Gegenwind und an die endlosen Steigungen ließ keine Zweifel aufkommen.

Anderseits war es noch zu früh, um mit der Bahn nach Einsiedeln zurückzufahren. Man erwartete mich im Kloster erst in einer Woche. Ich wollte keine Fragen hören wie: „Ja warum bist du schon da? Hast du aufgeben müssen? Hast du Blasen an den Füßen? Wir haben dir doch im Voraus gesagt, dass du dir zuviel zumutest."

Das sind die üblichen Fragen der Daheimgebliebenen. Fragen, die, um sie nicht hören zu müssen, schon manchen Jakobspilger bewogen haben, trotz Umkehrgelüsten tapfer weiterzukämpfen.

Bei der neuerlichen Überquerung der Pyrenäen wollte ich über Roncesvalles und Saint-Jean-Pied-de-Port fahren, um diese berühmten Pilgerorte zu sehen und kennenzulernen. Mehr zufällig entdeckte ich an der Straße einen Hinweis auf Lourdes. Ich hatte im Moment ganz vergessen, dass dieser Wallfahrtsort mitten in den Pyrenäen liegt. Es reizte mich, einen kleinen Abstecher dorthin zu machen.

Seit meinem Abitur waren genau 45 Jahre vergangen. Damals, im Jahr 1968, wusste ich noch nicht sicher, welchen Berufsweg ich einschlagen sollte. Um etwas klarer zu sehen, beschloss ich, einige Wochen ins Ausland zu fahren. In Lourdes suchte man damals junge Leute, welche bereit waren, in der „Cité-Secours" auszuhelfen. Diese „Cité-Secours" befindet sich etwas oberhalb des Wallfahrtsortes. Arme Pilger aus der ganzen Welt erhalten dort gratis Kost und Logis. Meine Arbeit bestand darin, tagsüber die Tische zu decken und die Betten in Ordnung zu bringen. Nach dem Nachtessen hatte ich frei. Dann schloss ich mich jeweils der abendlichen Lichterprozession an. Aber erst wenn dieses Lichtermeer erloschen war und nur noch einzelne Beterinnen und Beter auf dem großen Platz vor der Grotte zurückblieben, kam Stille über den heiligen Ort. Dann war sogar das Plätschern des kleinen Flusses Gave zu hören. Jetzt erst gab Lourdes etwas von seinem Geheimnis preis.

Das wollte ich in der mir verbleibenden Woche noch einmal erleben. Ich fuhr zur Cité-Secours hinauf und bot für eine Woche meine Zeit und Kraft an. Aber ich wurde ziemlich barsch empfangen. Wie ich denn hieße, wollte man wissen, und ob ich angemeldet sei, und ob ich vom Pfarrer meines Wohnortes ein Empfehlungsschreiben hätte. Nun, Letzteres auszustellen wäre noch das Einfachste gewesen …

Ich spürte aber, dass ich hier im Moment nicht willkommen war. Immerhin durfte ich dort übernachten. Am nächsten Tag stieg ich zur Grotte hinunter und fuhr dann in die Stadt. Aber verwöhnt von der Stille und Einsamkeit des Jakobsweges, ertrug ich den Lärm und den Betrieb des Wallfahrtsortes nicht. Ich fuhr mit dem Rad sogleich zum Bahnhof und konnte glücklicherweise noch am gleichen Abend den Nachtzug nach Genf nehmen. Die Frage, die mich auf der ganzen, langen Zugfahrt beschäftigte, war: Was mache ich jetzt nur mit der verbleibenden Woche?

Die Idee, die mir plötzlich einfiel, war so genial, dass ich ihretwegen immer und immer wieder lachen musste. Ich beschloss nämlich, mich noch einmal auf den Jakobsweg zu begeben!

So fuhr ich mit der Bahn in die Innerschweiz, nach Sarnen, zu meinen benediktinischen Mitbrüdern. Sie nahmen mich freundlich auf und boten mir Bett, Essen und einen Kongregationsschnaps an (ein alter Brauch, der allerdings nicht auf den hl. Benedikt zurückgeht, wonach man beim Besuch eines fremden Mönches am Abend mit diesem noch einen Schnaps trinkt). Mein Rad durfte ich bei ihnen lassen.

Und so befand ich mich schon am nächsten Tag wieder auf dem geliebten Camino, diesmal in der Schweiz. Es war wie ein Traum. Zuerst ging es zum hl. Bruder Klaus in den Ranft, wo ich Eucharistie feiern durfte. Dann führten mich wunderschöne Pilgerwege durch die Kantone Bern und Freiburg. Gerne wäre ich noch bis Lausanne gepilgert, meinem Geburtsort. Aber es begann heftig zu regnen. Was der spanische Himmel über Wochen zurückbehalten hatte, das ergoss sich jetzt sintflutartig über die Schweiz. Meine Sandalen, die sich bisher hervorragend bewährt hatten, ertranken im Morast. Die teuren, gemäß Packungsbeilage garantiert wasserdichten Socken waren völlig durchnässt.

Zum Glück hatte ich eine Zeltunterlage bei mir, die sich mit wenigen Handgriffen und Ösen zu einer Pelerine umformen ließ. Aber die fehlenden Seitenöffnungen verhinderten den Einsatz meiner Wanderstöcke. Das war fatal. Als ich kurz vor Freiburg auf einem Feldweg stolperte, fiel ich wie eine Schaufensterpuppe der Länge nach hin und landete in einer großen Wasserlache. Das Maß war voll. Von der erstbesten Telefonkabine aus rief ich meine Schwester an und fragte, ob sie in ihrer Wohnung für einen nassen, frierenden Pilger noch eine warme Ecke hätte. „Natürlich! Wo bist du? Komm sofort!“, waren ihre aufmunternden Worte.

So nahm ich die Bahn nach Sarnen, holte im dortigen Kloster mein Rad wieder ab und fuhr zu meiner Schwester an den Vierwaldstättersee. So endete mein Jakobsweg in einem gemütlichen, warmen Bett. Was ich in jener Nacht, in feinen Daunen liegend, geträumt habe, weiß ich nicht mehr.

Doch unvergesslich bleibt mir der Traum der Nacht zuvor, als ich bei Schwarzenburg im Kanton Bern zum letzten Mal im nassen Zelt schlafen musste. Es gab an jenem Ort keinen Campingplatz. Und in ein Hotel wollte ich nicht. Trotz des

Regens und der hereinbrechenden Nacht marschierte ich weiter.

Es war eine historisch interessante Strecke. Teile des Weges waren aus dem Felsen gehauen und mit Pflastersteinen versehen. Immer wieder traf ich da auf alte Wagenspuren und Trittlöcher.

Als es schon dunkel war, stellte ich in einer Art Talsenke mein Zelt unter einem vorspringenden Felsen auf, um etwas geschützt zu sein. Es war kalt und ungemütlich. Ich hatte Hunger und fror.

Ich kroch in den dünnen Schlafsack und schlotterte mich in den Schlaf hinein. Da hatte ich folgenden Traum: Eine nicht enden wollende Schar von Pilgern zog an meinem Zelt vorüber. Ganz deutlich konnte ich ihre Schritte hören. Selbst kleine Kinder trippelten vorbei. Ihre Schritte waren schneller und leichtfüßiger als die der Erwachsenen. Es kamen auch Behinderte daher. Ich konnte sie deutlich am harten Ton erkennen, den das Aufsetzen ihrer Krücken auf dem Steinboden verursachte.

Es war beruhigend zu wissen: Ich war von Pilgern umgeben. Das gab mir ein Gefühl von Sicherheit in diesem wilden, abgelegenen Gebiet.

Als ich schließlich erwachte, war es immer noch dunkel. Der Pilgerstrom hatte an Intensität noch nichts verloren, das hörte ich deutlich. War es ein Traum oder doch Wirklichkeit? Ich setzte mich auf, rutschte zum Zelteingang, zog den Reißverschluss hoch und schaute hinaus. Die vermeintlichen Pilgerschritte waren immer noch zu hören, aber es war kein Mensch zu sehen.

Schon bald löste sich das Rätsel. Die Pilger, die an meinem Zelt vorüberzogen, das waren die Regentropfen, die auf das Zeltdach schlugen. Regnete es eher leicht, hörte ich die Schritte von Kindern. War der Regen intensiver, zogen Erwachsene vorbei. Die großen, schweren Tropfen, die sich von den Ästen der Bäume lösten und auf das Zeltdach klatschten, das waren die Krücken der Behinderten.

Obwohl ich ganz allein war, erfasste mich an jenem regennassen Morgen das Gefühl tiefer Verbundenheit mit dem Kosmos und seinem Schöpfer, mit Mensch und Tier, mit den Bäumen und den Gräsern, mit dem Sand und den Steinen. Mit allem, was mich auf dem Jakobsweg begleitet hatte.

Vor 50 Tagen war ich aufgebrochen. Nun kehrte ich in den Alltag des Klosters zurück. Um eine tiefe Erfahrung reicher. Und dankbar für alles.

Alles **Buch**bar auf www.tyrolia-verlag.at

Gebete zum Jakobsweg

Andreas Drouve (Hg.)

Der Pilgerstab

ca. 20 sw. Abbildungen,
Flexcover, Lesebändchen
ISBN 978-3-7022-3054-8
96 Seiten

Der handliche spirituelle Begleiter und Freund auf dem Weg, mit Segensgebeten aus der spanischen Jakobusverehrung und Texten von Teresa von Avila, Anselm von Canterbury, Johannes Paul II., Hilde Domin u. v. a.

TYROLIA

Alle guten Seiten.

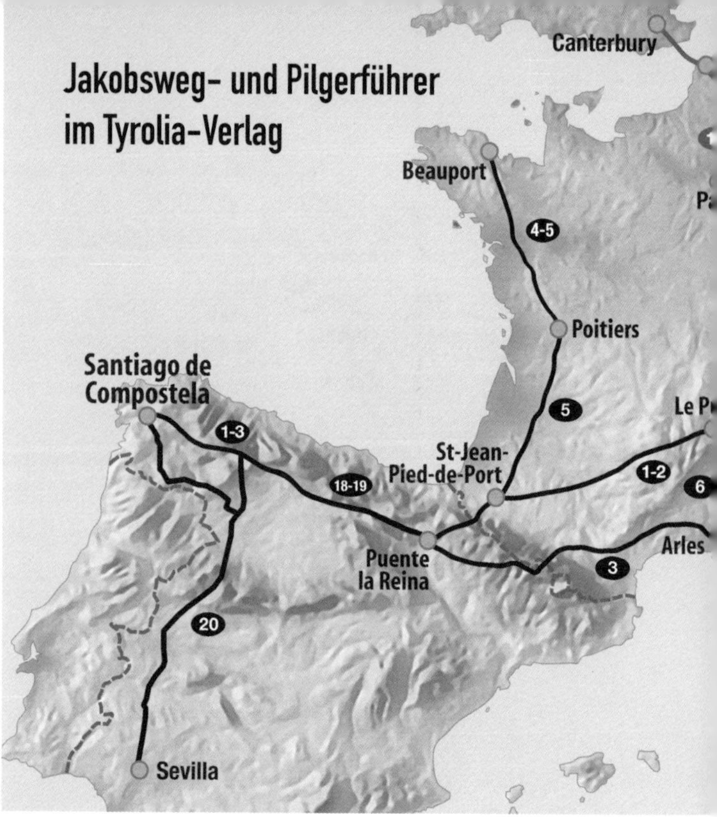

Schwarz: Jakosbweg
Grau: andere Pilgerwege

1. *Teklenborg*, **Jakobsweg der Freude, Strasbourg – Santiago**
   978-3-7022-2625-1 € 17.90
2. *Teklenborg*, **Radwandern Jakobsweg, Rhein – Santiago**
   978-3-7022-2626-8 € 17.90
3. *Lindenthal*, **Nach Santiago ..., Via Tolosand, Arles – Santiago**
   978-3-7022-2344-1 € 14.90
4. *Lindenthal*, **Jakobsweg Bretagne, Beauport – Poitiers**
   978-3-7022-2571-1 € 19.90
5. *Lindenthal*, **Auch Santiago ..., Beauport – Saint-Jean-Pied-de-Port**
   978-3-7022-2739-5 € 14.90
6. *Teklenborg*, **Jakobsweg Süddeutschland / Schweiz – Le Puy / Arles**
   978-3-7022-2565-0 € 17.90
7. *Bogner*, **Jakobsweg Südost-Bayern, Passau – Hoher Peißenberg**
   978-3-7022-2565-0 € 19.90
8. *Kolbinger*, **Jakobsweg Prag – Regensburg – Eichstätt – Donauwörth**
   978-3-7022-2728-9 € 19.90
9. *Lindenthal*, **Jakobsweg Österreich Wien – Maria Einsiedeln**
   978-3-7022-2199-7 € 21.90

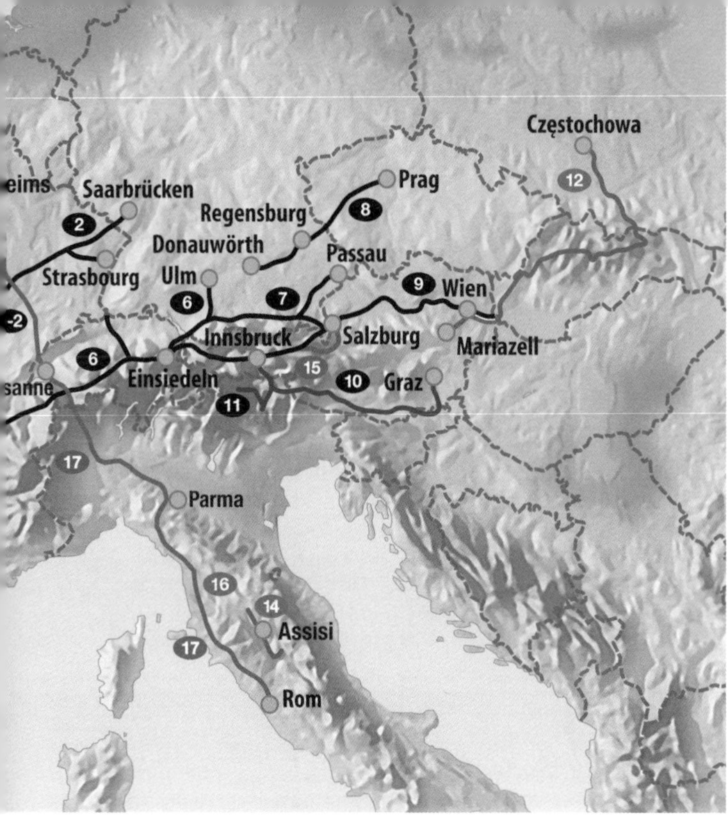

10 *Lindenthal*, Jakobsweg Süd-Österreich Graz – Innsbruck
978-3-7022-2438-7 € 21.90

11 *Lindenthal*, Jakobswege Südtirol
978-3-7022-2910-8 € 17.90

12 *Wurst / Schlagnitweit*, Marienpilgerweg Czestochowa – Mariazell
978-3-7022-2729-6 € 19.90

14 *Seracchioli*, Franziskusweg La Verna – Assisi – Rieti
978-3-7022-2825-5 € 19.95

15 *Hutter*, Pilgerwege im Salzburgerland
978-3-7022-2815-6 € 17.90

16 *Weinlich*, Via Francigena: Mein Pilgerweg nach Rom
978-3-7022-2927-6 € 14.95

17 *Kromer*, Via Francigena
978-3-7022-2984-9 € 19.95

18 *Grégoire / Laborde-Balen, Der spanische Jakobsweg*
978-3-7022-3021-0 € 19.95

19 *Christoph Müller, Neuland unter den Sandalen*
978-3-7022-3055-5 € 14.95

20 *Eva Gruber, Via de la Plata*
978-3-7022-3053-1 € 29.95